Über die Autorin

Elizabeth Kollmar ist Rubberband-Profi, Autorin – und erst elf Jahre alt! Elizabeth liebt es, zu basteln, und hat immer viele kreative Ideen. Für das vorliegende Buch hat sie zwölf zauberhafte Motive entworfen und zeigt außerdem unzählige Variationsmöglichkeiten. Hier kannst du ein bisschen mehr über Elizabeth und die Dinge, die sie gerne macht, erfahren ...

Welche Handarbeiten magst du?
Meine ganze Familie ist sehr kreativ und wir lieben das Werkeln mit jeder Art von Garn. Bei uns wurde immer viel gestrickt und gehäkelt, und die Grundlagen waren mir schon geläufig, als ich noch ganz klein war. Mit sechs Jahren habe ich dann bereits ein eigenes Strickprojekt entworfen!

Wie bist du zu Rubberbands gekommen?
Meine Mutter arbeitet in einem Bastelgeschäft. So waren wir ganz nah dran, als die Rubberbands groß herausgekommen sind. Sehr viele Kinder in meinem Alter hatten auf einmal Looms, diese Rubberband-Knüpfrahmen, und bastelten an coolen Projekten. Natürlich wollte ich das auch ausprobieren.

Warum benutzt du eine Häkelnadel?
Meine Mutter kaufte meinem Bruder, meiner Schwester und mir einen Loom, bevor wir in die Ferien fuhren. Wir wussten, dass wir an unserem Ferienort keinen Zugang zum Internet haben würden, deshalb schrieben wir vor unserer Abfahrt einige Anleitungen auf. Ich bekam es aber nicht hin, danach zu arbeiten, deshalb fing ich an, ein wenig mit der mitgelieferten Häkelnadel zu experimentieren. Da ich schon Erfahrung im Häkeln hatte, kam es mir ganz normal vor, die Gummiringe auf die Häkelnadel zu hängen. Das einzige Problem dabei war, dass ich die Gummis von der Nadel nehmen musste, um sie umzudrehen und von der anderen Seite weiterzuarbeiten. Die Gummis von der Nadel herunter- und wieder hinaufzubekommen war unglaublich knifflig! Dann hat mir meine Mutter aber empfohlen, eine doppelseitige Häkelnadel zu nehmen. Dadurch musste ich die Gummis überhaupt nicht mehr abnehmen, und das war perfekt!

Welche Hobbys hast du sonst noch?
Ich liebe Fotografie. Ich habe schon an einigen Junior-Wettbewerben teilgenommen und auch erste Plätze belegt. Außerdem lese ich und mag Musik. Ich spiele Klavier und Harfe.

Was machst du, wenn du mal nicht bastelst, häkelst, strickst ...?
Ich bin gern draußen zum Reiten, Fahrradfahren, Schwimmen und Bogenschießen. Wir haben auch eine Menge Haustiere, um die ich mich kümmere. Mein Liebling ist mein Holländerkaninchen Emily. Ich verbringe außerdem viel Zeit mit meinen Eltern, meinem älteren Bruder und meiner jüngeren Schwester. Wir lieben es, etwas gemeinsam zu unternehmen.

Was möchtest du werden, wenn du erwachsen bist?
Mein Traumjob wäre, Tiere zu pflegen oder mit ihnen zu arbeiten.

Wo kann man mehr von dir und deiner Arbeit erfahren?
Man kann mich auf meiner Seite *elizabethkollmar.com* besuchen, dort stelle ich aktuelle Projekte und Aktivitäten vor.

Hier siehst du, was du alles machen kannst!

Über die Autorin 1
Lauter tolle Ideen 4
Wie arbeitest du mit diesem Buch? 6
Was brauchst du? 8
So knackst du den Code! 10
Wie du die Diagramme verstehst 15
Muster & Varianten 16
Die Projekte 17

Mini-Blatt
Seite 19

Regentag
Seite 21

Wellen
Seite 24

Weinblätter
Seite 27

Muschelhälften
Seite 29

Erdbeeren
Seite 34

Jakobsmuschel
Seite 32

Palmenblatt
Seite 36

Schmuckrand
Seite 39

Pompons
Seite 42

Feder
Seite 44

Runder Anhänger
Seite 46

Rubberbands Cooler Schmuck für dich

Wie arbeitest du mit diesem Buch?

In diesem Buch stelle ich dir eine spezielle Knüpfmethode für Rubberbands vor, aber mach dir keine Sorgen – es ist wirklich einfach! Du findest hier alles, was du brauchst, um erfolgreich ganz tollen Schmuck anzufertigen!

Die Anleitungen und Diagramme zeigen dir, wie du die verschiedenen Designs und Motive knüpfen kannst, die dann immer wiederholt werden und so zu wunderschönen Armbändern und Ketten werden. Alle Anleitungen sind gleich aufgebaut. Das hilft dir, ihnen leicht zu folgen:

- ★ Schwierigkeitsgrad
- ★ Motivgröße
- ★ Materialliste: Was brauchst du?
- ★ Anleitung: So knackst du den Code!
- ★ Diagramme

Schwierigkeitsgrad

Diese Angabe ist nur zur Orientierung, damit du weißt, wie kompliziert ein Projekt ist, bevor du damit beginnst. Als Knüpf-Anfänger solltest du zunächst einige leichte Motive ausprobieren. Wenn du ein bisschen mehr Routine und Selbstvertrauen hast, kannst du dich an die mittleren und die anspruchsvollen Motive für Fortgeschrittene wagen.

Motivgröße

Die Motivgröße gibt die Länge des jeweiligen Motivs im ungedehnten Zustand an. Du kannst diese Angabe (zusammen mit einem Maßband und einem Taschenrechner) dazu verwenden, dir zu überlegen, wie oft du ein Motiv für ein Projekt bestimmter Länge wiederholen musst. Hast du die Anzahl der Motive errechnet, kannst du auch die Anzahl benötigter Gummiringe für das Projekt errechnen. Am besten machst du das vor Beginn eines Projekts, damit du nicht mittendrin in den nächsten Laden laufen musst, um neue Gummiringe zu besorgen. Sieh dir das Beispiel auf Seite 7 an. Dort zeige ich dir, wie man die Anzahl der Motive und Gummiringe für ein Projekt errechnet.

Was ist ein Motiv?

Ein Motiv ist ein bestimmtes Knüpfmuster, das mehrere Male wiederholt wird, um ein Schmuckband oder ein anderes Projekt zu kreieren. Viele Motive, wie das hier gezeigte, werden von unten nach oben gearbeitet.

Beispiel zur Größenbestimmung

Lass uns an einem Beispiel errechnen, wie man anhand der Motivgröße ein Projekt plant: Nehmen wir an, du möchtest ein Armband machen. Miss zuerst mit einem Maßband um dein Handgelenk, um zu sehen, wie lang das Armband sein sollte. Sagen wir, die Messung ergibt 15 cm. Ziehe dann 2,5 cm von dieser Länge ab. Das Ergebnis ist die Länge deines fertigen Armbands. Der Abzug von 2,5 cm stellt sicher, dass dein Armband genau passt, denn die Gummiringe sollten noch ein wenig gedehnt werden, damit sie straff sitzen und die Motive voll zur Geltung kommen.

Du hast die Länge für dein fertiges Armband berechnet. Nun ist es an der Zeit, ein Motiv zu wählen. Nehmen wir an, du möchtest für dein Armband das Motiv »Muschelhälften« (Seite 29) verwenden. Dieses Motiv ist laut Größenangabe 2,5 cm groß. Um herauszufinden, wie oft du das Motiv anfertigen musst, bis dein Armband fertig ist, teilst du die Gesamtlänge deines Armbands durch die Länge des gewünschten Motivs. Du siehst bei dieser Rechnung: Du musst das Motiv fünfmal wiederholen, dann hat dein Armband die gewünschte Länge.

Aus der Materialliste geht hervor, dass du für das Motiv »Muschelhälften« zehn Gummiringe brauchst. Um die Gesamtzahl benötigter Gummiringe für das Armband zu errechnen, multiplizierst du die Anzahl Motive mit der Anzahl Gummiringe pro Motiv.

Jetzt musst du noch beachten, dass für jedes Projekt einige Basis-Gummiringe benötigt werden. Für das Motiv »Muschelhälften« werden zwei Basisringe gebraucht. Diese Anzahl Gummiringe muss noch zu der in Schritt 3 errechneten Gesamtzahl hinzugezählt werden.

Schritt 1:

Umfang Hangelenk	Abzug für Passgenauigkeit	Gesamtlänge
15 cm −	2,5 cm =	12,5 cm

Schritt 2:

Gesamtlänge	Größe	Anzahl benötigter Motive
12,5 :	2,5 cm =	5

Schritt 3:

Anzahl Motive	Anzahl Gummiringe pro Motiv	Gesamtzahl Gummiringe für alle Motive
5 x	10 =	50

Schritt 4:

Gesamtzahl Gummiringe für alle Motive	Gesamtzahl Basis-Gummiringe	Gesamtzahl Gummiringe für das Armband
50 +	2 =	52

Zu kurz? Was macht man, wenn für das Armband fünf Motive zu kurz, sechs aber zu lang sind? Dann kannst du jederzeit das Projekt durch Gummiring-Ketten (siehe Seite 12) vor dem ersten Motiv und/oder hinter dem letzten Motiv verlängern.

Rubberbands Cooler Schmuck für dich

Was brauchst du?

Bevor du anfängst, solltest du die folgenden Dinge besorgen. Die Häkelnadel bekommst du im Internet, alles andere auch im Bastelshop und im Schreib- oder Spielwarengeschäft.

Gummiringe (2 cm im Durchmesser): Die Materialliste gibt für jedes Motiv die Anzahl an Basis-Gummiringen an, die du brauchst, um loszulegen, plus der Anzahl Gummiringe für ein Motiv. Auf Seite 7 steht, wie du mit diesen Angaben ausrechnen kannst, wie viele Gummiringe du insgesamt für das geplante Projekt brauchst.

Doppelseitige Häkelnadel: Hierbei handelt es sich um eine Häkelnadel, die an jedem Ende einen Haken hat. Achte bei der Bestellung auf eine Nadelstärke von 4–6 mm und eine Länge von ca. 15 cm, damit die Gummiringe leicht über die gesamte Länge der Nadel gleiten können. Diese Häkelnadeln gibt es zum Beispiel von der Firma Prym.

Schlaufenhalter: Darunter ist alles zu verstehen, worauf man ein paar Gummiring-Schlaufen für eine Weile aufziehen, sozusagen »deponieren« kann, während man mit den restlichen Schlaufen an einem Motiv arbeitet. Ich nehme dafür immer eine zweite Häkelnadel, aber es klappt auch mit einem Maschenmarkierer, Bleistift oder Strohhalm oder irgendetwas anderem, was du gerade zur Hand hast und als geeignet empfindest.

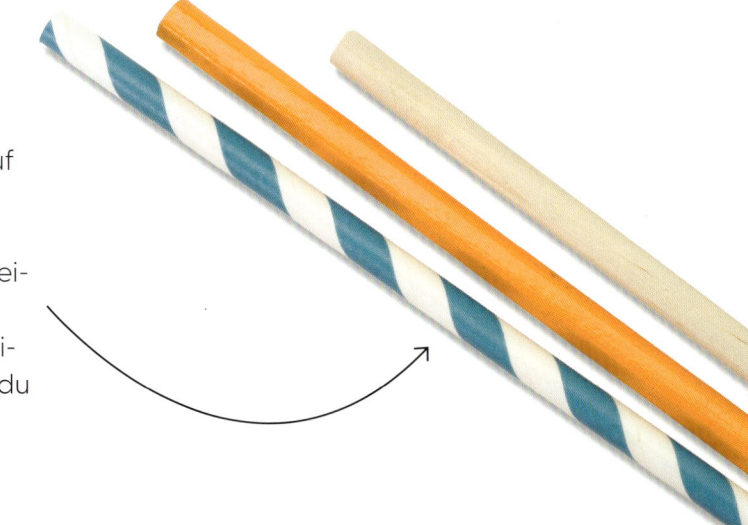

Verschließbare Maschenmarkierer:
Für einige Kreationen wirst du ein paar Maschenmarkierer brauchen, die verschließbar sind. Zwei Stück solltest du mindestens zur Hand haben, bevor du beginnst. Falls du einen Fehler machst, kannst du damit dein Projekt retten.

Perlen, Knöpfe, Charms: Du kannst die Projekte mit unendlich vielen Verzierungen ausgestalten und variieren! Wenn du Perlen und ähnliches Material verwendest, solltest du darauf achten, dass die Löcher ausreichend groß sind, um die Gummiringe hindurchziehen zu können. Durch kleine Stickperlen ab Größe 6 (und größer) passen beide Seiten eines Gummirings. Je mehr Gummiringe du durch eine Perle ziehen möchtest, umso größer muss das Loch sein. Bevor du dein Projekt beginnst, solltest du deshalb immer prüfen, ob durch die gewünschte Perle auch die notwendige Anzahl Gummiringe hindurchpasst.

Verschlüsse: Es gibt jede Menge unterschiedlicher Verschlüsse, die du verwenden kannst, je nachdem, was dir gefällt und wie du dein Projekt gestalten möchtest. Als Schnellverschlüsse eignen sich s- oder c-förmige Plastikclips, die in den ersten und den letzten Gummiring des Schmuckstücks eingehakt werden. Soll dein Schmuck edler wirken, nimmst du kleine silberfarbene Karabinerhaken oder Schlüsselringe, die du in Schmuckösen aus Metall einhaken kannst und ebenfalls am ersten und letzten Basis-Gummiring befestigst.

Rubberbands Cooler Schmuck für dich

So knackst du den Code!

Die Motive entstehen mithilfe unterschiedlicher Techniken, die du in verschiedenen Kombinationen wiederholst. In der Anleitung sind bei jedem Motiv die benötigten Techniken in Form von Abkürzungen aufgelistet – du kannst dir das vorstellen wie einen Code. Wenn du die Techniken und den Code erst mal verstanden hast, wird dir jedes Motiv ganz schnell und einfach gelingen!

Wenn du bei einem Motiv plötzlich ins Stocken kommst, kannst du immer wieder schnell auf diesen Seiten nachsehen, wie eine Technik funktioniert oder was ein bestimmter Code bedeutet. Die Abkürzungen sind alphabetisch aufgelistet, damit du sie schnell finden kannst. Es macht nichts, wenn du dabei auf einige Begriffe stößt, mit denen du nicht so vertraut bist. Nach einiger Zeit hast du, ohne es überhaupt zu merken, das neue Vokabular schon gelernt!

A = Abheben

Hebe die vorgegebene Anzahl Schlaufen (A1 = 1 Schlaufe, A2 = 2 Schlaufen usw.) vom Arbeitsende der Häkelnadel ab und deponiere sie auf einem Schlaufenhalter. In den hier gezeigten Abbildungen ist der Schlaufenhalter eine zweite doppelseitige Häkelnadel, aber du kannst auch etwas anderes dafür verwenden.

Schiebe den Schlaufenhalter durch die Schlaufen, die du abheben möchtest.

Entferne die Häkelnadel, sodass die Schlaufen auf dem Schlaufenhalter liegen.

Abketten

Am Ende der Arbeit hast du zwei Schlaufen auf der Häkelnadel. Hebe die zweite Schlaufe ab und ziehe sie über die erste und dann über das Ende der Häkelnadel. Danach hast du noch eine Schlaufe auf der Nadel, an der du deinen Verschluss anbringen kannst.

Nimm die zweite Schlaufe auf und hebe sie über die erste und dann über das Ende der Häkelnadel.

Danach ist noch eine Schlaufe auf der Nadel.

TIPP: Wenn du einige Anfängermotive angefertigt hast, werden dir die Abkürzungen ganz selbstverständlich vorkommen – so ähnlich wie beim Schreiben und Lesen einer SMS (LOL)!

AE = Arbeitsende

Das ist das Ende der Häkelnadel, an dem du die Gummiringe aufsetzt. Wenn du Rechtshänder bist, ist immer das linke Ende der Nadel das Arbeitsende. Bist du Linkshänder, ist es das rechte Ende.

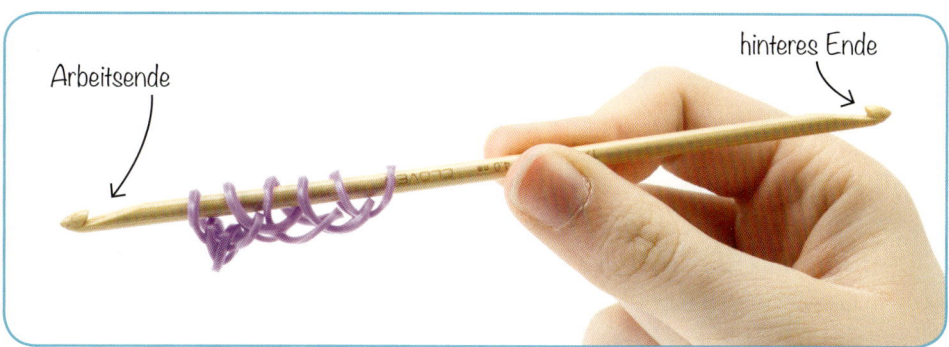

Bist du Rechtshänder, ist das Arbeitsende das linke Ende der Häkelnadel und das rechte Ende der Nadel ist das hintere Ende.

Auffädeln

Du arbeitest mit einem Faden, um die angegebene Zahl von Gummiring-Schlaufen durch das Loch einer Perle, eines Charms oder anderen Schmuck zu ziehen. Dazu musst du die Schlaufen von der Häkelnadel nehmen und nach dem Auffädeln des Schmucks wieder auf die Nadel zurücksetzen. Deshalb funktioniert die Methode mit dem Faden auch besser, als wenn du die Schlaufen mit den Fingern festhalten würdest.

  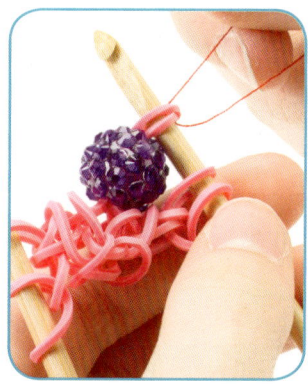

Ziehe ein Ende des Fadens durch die Schlaufen, die du zum Auffädeln brauchst.

Schiebe beide Enden des Fadens durch die Perle.

Verwende jetzt den Faden, um die Schlaufen von der Häkelnadel zu ziehen, durch die Perle und zurück auf die Häkelnadel. Dann den Faden entfernen.

BG = Basis-Gummiring

Das ist der Gummiring (manchmal sind es auch zwei!), mit dem du immer das erste Motiv beginnst, den du aber bei den nachfolgenden Motiven für ein Projekt nie wieder brauchst.

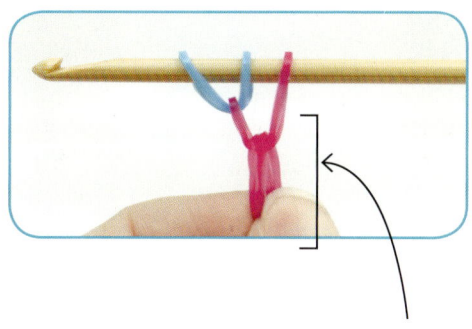

Die pinkfarbenen Ringe sind die Basis-Gummiringe.

DZ = Durchziehen

Setze das vordere Ende eines Gummirings auf die Häkelnadel. Halte das hintere Ende des Gummirings mit den Fingern fest, während du das vordere Ende mit der Häkelnadel durch die angegebene Anzahl Schlaufen auf der Häkelnadel hindurchziehst. Natürlich musst du dabei auch die Ringe auf der Häkelnadel festhalten. DZ1 bedeutet, du ziehst das vordere Ende des Gummirings durch eine Schlaufe auf der Häkelnadel, DZ2 bedeutet, du ziehst das vordere Ende durch zwei Schlaufen usw. Auf DZ folgt immer GAH!

Setze das vordere Ende eines Gummirings auf die Häkelnadel. Halte das hintere Ende des Gummirings mit den Fingern fest.

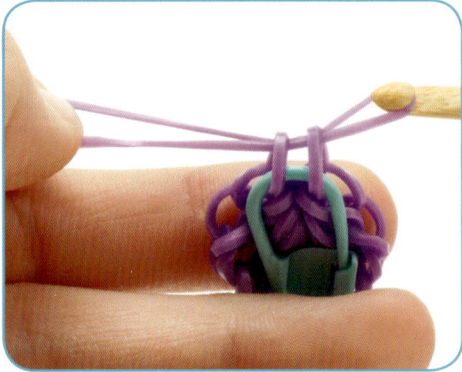

Ziehe das vordere Ende durch die angegebene Anzahl Schlaufen auf der Häkelnadel, wobei die Schlaufen von der Nadel auf den Gummiring rutschen.

F = Farbe

Diese Abkürzung wird fast immer mit einer Zahl kombiniert sein. Die Zahl sagt dir, welche Farbe der Gummiring, mit dem du gerade arbeitest, haben sollte. Beispielsweise bedeutet F1 Farbe 1, F2 steht für Farbe 2 usw.

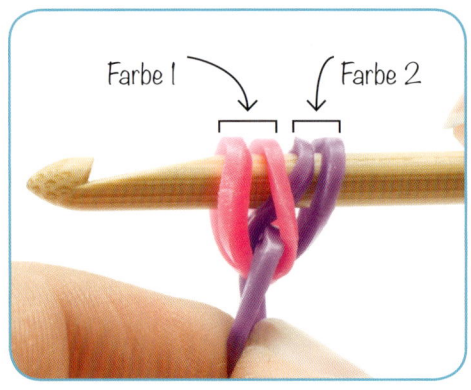
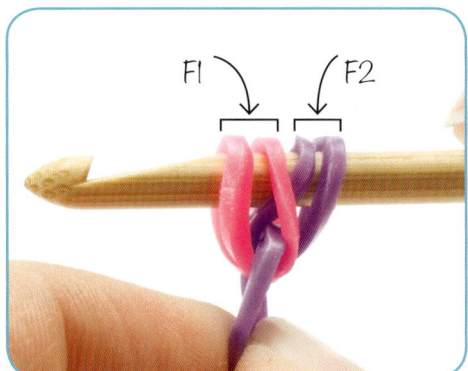

TIPP: Damit dein Schmuckstück symmetrisch aussieht, verlängerst du dein Projekt am Anfang und am Ende durch identische Ketten.

G = Gummiring

Diese Abkürzung wird immer mit einer Zahl versehen sein, die dir sagt, mit welchem Gummiring eines Motivs du gerade arbeitest. G1 zum Beispiel bedeutet Gummiring 1, G2 bedeutet Gummiring 2 usw. Das vordere Ende eines Rings ist das Ende, das du durch Schlaufen auf die Häkelnadel ziehst. Das hintere Ende des Rings ist das Ende, das du mit deinem Finger festhältst, bis die Anleitung dir vorgibt, es auf die Häkelnadel zu schieben.

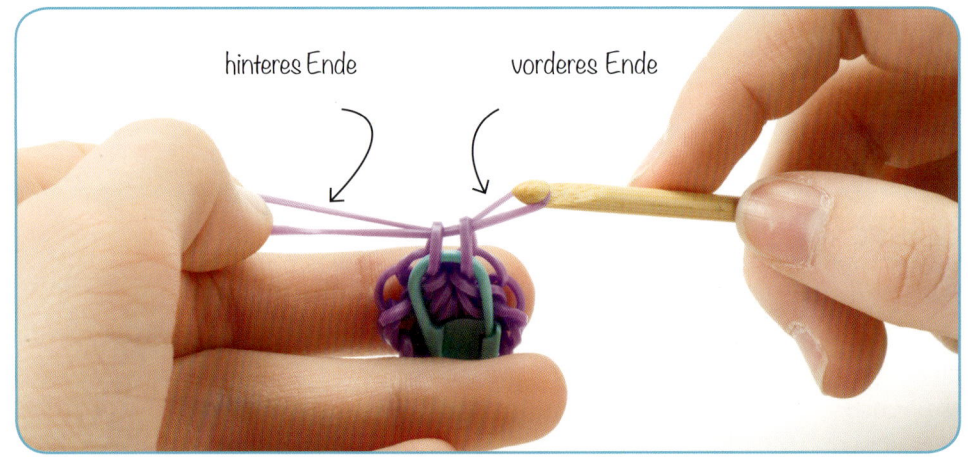

GAH = Gummiring auf Häkelnadel

Nachdem du das vordere Ende eines Gummis durch die vorgegebene Anzahl Schlaufen auf deiner Häkelnadel gezogen hast, setzt du das hintere Ende des Gummis ebenfalls auf die Häkelnadel.

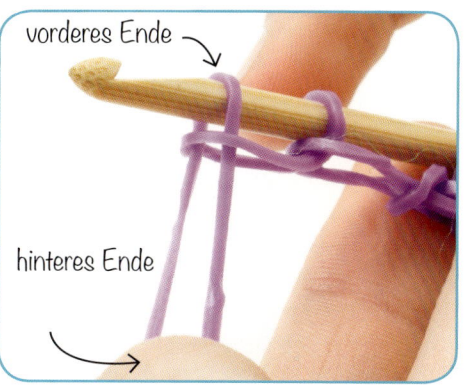

Ziehe das vordere Ende des Gummis durch die vorgegebene Anzahl Schlaufen.

Setze das hintere Ende des Gummis auf die Häkelnadel.

K = Kette

Um einem Projekt mehr Länge zu geben, kannst du am Anfang und/oder am Ende Gummiringketten fertigen. Dazu ziehst du das vordere Ende eines Gummirings durch zwei Schlaufen auf der Häkelnadel. Dann setzt du das hintere Ende des Gummirings auf die Häkelnadel. Diesen Vorgang wiederholst du so lange, bis die Kette die gewünschte Länge hat.

Ziehe das vordere Ende eines Gummirings durch zwei Schlaufen.

Lege das hintere Ende des Gummirings auf der Häkelnadel ab. Wiederholen.

Kreuzen

Hierbei arbeitest du mit zwei verschiedenfarbigen Ringen gleichzeitig. Ziehe die vorderen Enden beider Ringe durch die angegebene Anzahl Schlaufen auf der Häkelnadel. Dann setzt du beide hinteren Enden auf die Häkelnadel. Die entstandenen vier Schlaufen auf der Nadel müssen jetzt so angeordnet werden, dass vorderes und hinteres Schlaufenende der gleichen Farbe nebeneinander auf der Häkelnadel liegen. Dazu musst du die Schlaufen auf der Nadel kreuzen. Wenn du dann mit dem Motiv weiterarbeitest, behandelst du die beiden gleichfarbigen Schlaufen so, als wäre es nur eine.

Die beiden verschiedenfarbigen Gummiringe durch die angegebene Anzahl Schlaufen auf der Häkelnadel ziehen.

Diese beiden Schlaufen jeweils wie eine behandeln.

Die Schlaufen so kreuzen, dass die beiden gleichfarbigen nebeneinander zu liegen kommen. Mit diesen beiden Schlaufen jeweils weiterarbeiten, als wäre es nur eine.

L8 = Liegende Acht

Die »Liegende Acht« wird immer für den ersten Basis-Gummiring verwendet. Setze das vordere Ende des Gummirings auf die Häkelnadel. Verdrehe das hintere Ende so, dass sich die beiden Gummiseiten in der Mitte kreuzen. Jetzt das hintere Ende des Gummirings ebenfalls auf die Häkelnadel setzen.

»Liegende Acht«, von oben gesehen.

»Liegende Acht«, von unten gesehen.

MM = Maschenmarkierer

Schiebe einen verschließbaren Maschenmarkierer durch alle Schlaufen auf der Häkelnadel und verschließe ihn. Er dient als eine Art Rettungsanker bzw. Hilfsmittel, um deine Arbeit vor dem Auftrennen zu schützen, falls dir beim Weiterarbeiten eine Schlaufe von der Häkelnadel rutscht. Du brauchst die Maschenmarkierer auch, um einzelne Gummimaschen zu kennzeichnen, die du später wiederfinden musst, um dein Motiv fortzusetzen.

Schiebe einen verschließbaren Maschenmarkierer durch alle Schlaufen auf der Häkelnadel und verschließe ihn.

S&W = Schieben & Wenden

Schiebe die Schlaufen auf der Häkelnadel vom Arbeitsende zum hinteren Ende. Dann drehst du die Häkelnadel um, sodass das hintere Ende das Arbeitsende wird. Beachte: Wenn du Rechtshänder bist, ist immer das linke Ende der Häkelnadel das Arbeitsende. Du schiebst also die Schlaufen vom linken zum rechten Ende der Nadel. Wenn du dann die Häkelnadel wendest, wird das rechte Ende das linke Ende. Wenn du Linkshänder bist, ist es umgekehrt.

Vor dem Schieben und Wenden befinden sich die Schlaufen am Arbeitsende der Häkelnadel.

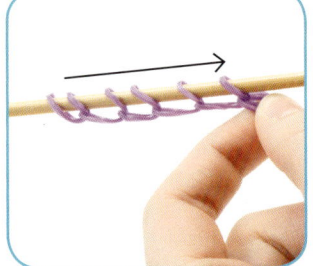

Du schiebst jetzt die Schlaufen vom Arbeitsende der Häkelnadel zum hinteren Ende.

Jetzt wendest du die Häkelnadel, sodass das zuvor hintere Ende zum Arbeitsende wird.

ZS = Zurücksetzen

Setze Schlaufen, die du vorübergehend auf dem Schlaufenhalter deponiert hast, wieder auf das Arbeitsende deiner Häkelnadel auf. In den Abbildungen ist der Schlaufenhalter eine zweite doppelseitige Häkelnadel, aber du kannst auch etwas anderes dafür verwenden.

Schiebe die Häkelnadel, mit der du arbeitest, durch die Schlaufen, die du auf dem Schlaufenhalter deponiert hast.

Ziehe jetzt den Schlaufenhalter vorsichtig heraus und halte dabei die Schlaufen auf der Häkelnadel fest.

Wie du die Diagramme verstehst

Zu jedem Motiv gehören Schemazeichnungen, sogenannte Diagramme, die bildliche Darstellungen der Arbeitsanleitungen sind. Nimm dir als Beispiel die Diagramme für das Motiv »Mini-Blatt« vor, um dich mit dem Lesen und Umsetzen dieser Anleitungen vertraut zu machen.

TIPP: Die jeweilige Farbe des Diagramms kann dir bei der Orientierung helfen! Die Basis-Gummiringe sind immer violett. Die restlichen Gummiringe werden abwechselnd hell- und dunkelblau dargestellt, damit du sie besser auseinanderhalten kannst.

Die Bezeichnungen entlang der Diagramm-Seiten zeigen dir, welcher Gummi zu bearbeiten ist. Während die Anleitungen von oben nach unten gelesen werden, musst du die Diagramme von unten nach oben lesen. Siehst du, dass die Gummiringe ganz unten die Basis-Gummiringe sind?

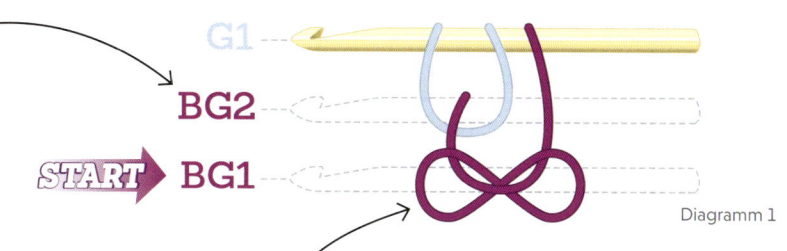
Diagramm 1

Die Positionen der Ringe im Diagramm entsprechen exakt den Vorgaben in der Anleitung. Siehst du, dass der erste Basis-Gummiring die Form der liegenden Acht hat? Kannst du erkennen, dass der zweite Basis-Gummiring durch zwei Schlaufen gezogen wird und Gummiring 1 durch eine Schlaufe?

Schieben & Wenden (S&W).

Jedes Mal, wenn du mit den Gummiringen auf der Häkelnadel den Arbeitsschritt »Schieben und Wenden« (S&W) ausführst, drehst du die gesamte Arbeit um, sodass du auf der anderen Seite weiterarbeiten kannst. Siehst du, dass Diagramm 2 die Rückseite von Diagramm 1 ist?

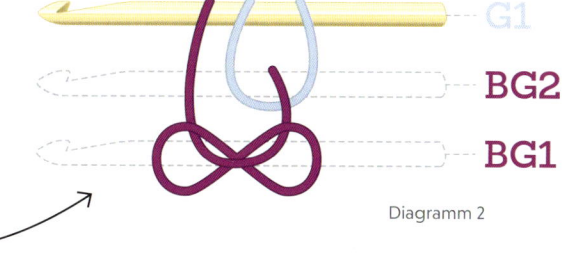
Diagramm 2

Konzentriere dich bei jedem Diagramm auf die neuen, farbigen Ringe. Die grauen Ringe zeigen die Schritte, die du bereits erledigt hast, und dienen nur der Orientierung.

Kannst du erkennen, wie Gummiring 2 und 3 das Design auf der Rückseite vervollständigen? Wenn ein Motiv fertiggestellt ist, kannst du es wiederholen, indem du einen Maschenmarkierer (MM) durch alle Schlaufen auf der Häkelnadel (in diesem Fall sind es zwei) schiebst und dann die angegebenen Arbeitsschritte für das Motiv wiederholst.

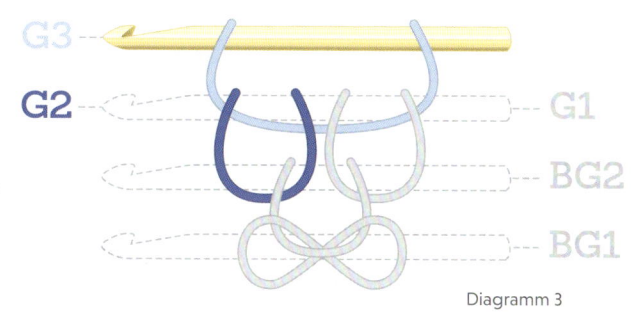
Diagramm 3

Rubberbands Cooler Schmuck für dich

Muster & Varianten

Wenn du mit den Techniken in diesem Buch vertrauter bist, hast du vielleicht Lust, dich auch als Designer zu versuchen. Gestalte die Motive zum Beispiel andersfarbig, kombiniere sie miteinander oder füge Schmuckelemente hinzu. Hier kommen noch ein paar Tipps, die du berücksichtigen solltest, wenn du mit dem Muster-Mix beginnst.

Muster ausführen: Alle Projekte beginnen mit einem Basis-Gummiring als »Liegende Acht« (L8), manche darüber hinaus mit einem weiteren Basis-Gummiring (BG). Die Basis-Gummiringe werden in der Anleitung aufgelistet und auch in den Diagrammen gezeigt. Denke bitte immer daran, jedes Projekt mit der entsprechenden Anzahl Basis-Gummiringe zu beginnen.

Bei einigen Motiven, wie »Jakobsmuschel« (Seite 32) und »Palmenblatt« (Seite 36), beginnt man am oberen Ende des Motivs und arbeitet sich nach unten vor. Andere Motive, wie »Schmuckrand« (Seite 39), beginnt man dagegen am unteren Ende und arbeitet nach oben. Achte auf die jeweilige Arbeitsmethode, wenn du unterschiedliche Motive in einem Projekt kombinierst.

Wenn du ein Motiv fertiggestellt hast, schiebe immer einen Maschenmarkierer (MM) durch alle Schlaufen auf der Häkelnadel und schließe ihn. Dadurch kann sich deine bis dahin geleistete Arbeit nicht wieder auftrennen. Wenn du eine Schlaufe fallen lässt, dann löse alles bis zum vorhergehenden Maschenmarkierer auf. Du kannst dann die Schlaufen auf dem Maschenmarkierer problemlos wieder auf deine Häkelnadel aufsetzen und von hier an neu beginnen. Vergiss nur nicht, den Maschenmarkierer mit jedem fertiggestellten Motiv nachzurücken.

Farbvariationen: Viele Motive zeige ich hier mit Farbvariationen. In den Anleitungen sind die Farben, die für die jeweiligen Varianten eines bestimmten Motivs benötigt werden, aufgelistet. Wenn es Extra-Anleitungen gibt, folge diesen genau, damit du sicher sein kannst, dass die jeweiligen Farben auch dort in deinem Design erscheinen, wo du sie haben möchtest.

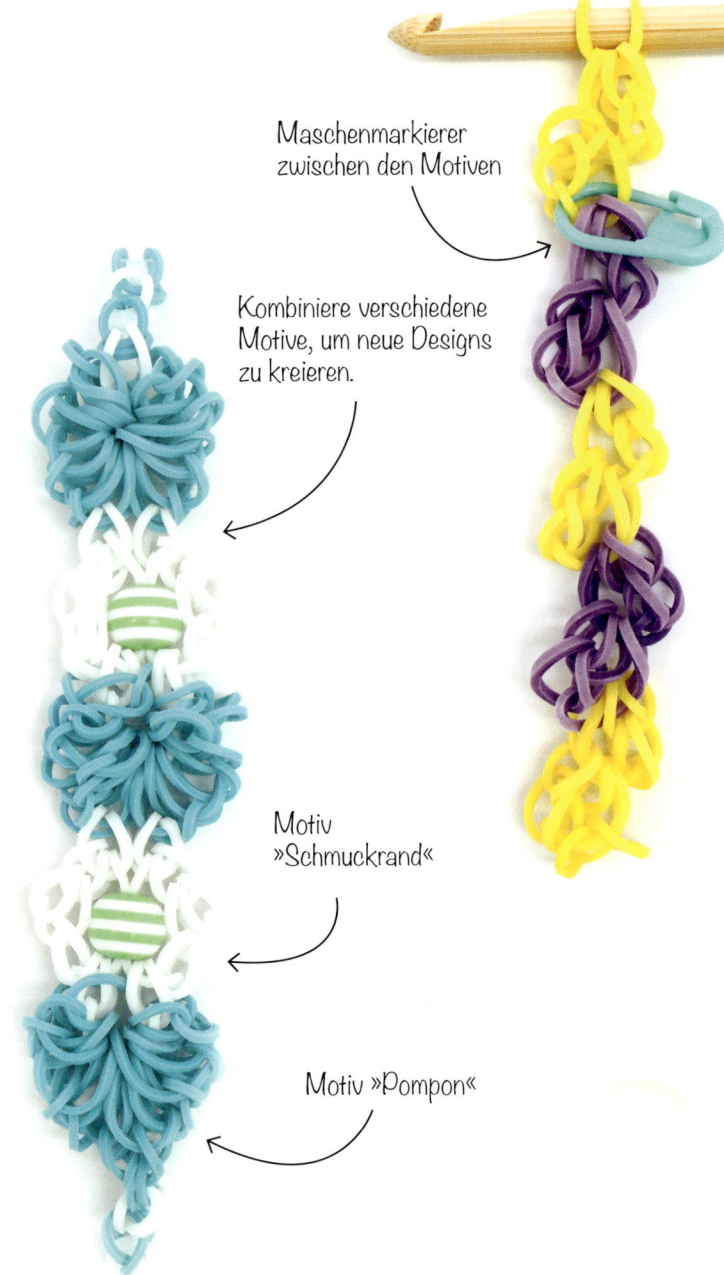

Maschenmarkierer zwischen den Motiven

Kombiniere verschiedene Motive, um neue Designs zu kreieren.

Motiv »Schmuckrand«

Motiv »Pompon«

Designvariationen: Die meisten Mustervariationen basieren auf einem Wechsel der Farbe, aber bei einigen lernst du auch, wie du Perlen, Knöpfe und andere Verzierungen mit einarbeiten kannst!

Experimentieren: Du kannst zum Beispiel Weintrauben (eine Variation des Motivs »Erdbeeren«, Seite 34) knüpfen, sie dann mit dem Motiv »Weinblätter« (Seite 27) kombinieren und daraus eine Weinrebe machen. Du hast also unendlich viele Möglichkeiten, um neue Designs zu kreieren!

Die Projekte

Die Motive, die ich dir in diesem Buch vorstelle, kannst du wiederholt aneinanderreihen, oder du verbindest sie mit Ketten aus Gummiringen. Du kannst so eine Vielzahl von Projekten wie Arm-, Buch- oder Haarbänder, Halsketten und vieles mehr kreieren. In diesem Abschnitt erkläre ich dir, wie du aus einem Motiv das Projekt machst, das du gestalten möchtest.

Palmenblatt (Seite 36)

Für ein Armband: Miss um dein Handgelenk und ziehe von dieser Länge 2,5 cm ab. Das ist die Gesamtlänge für dein Armband. Fertige ein Motiv an und wiederhole es so oft, bis die Gesamtlänge des Armbands erreicht ist (siehe Seite 7). Bringe zuletzt einen Verschluss am ersten Basis-Gummiring (BG1) und am letzten Ring des letzten Motivs an und achte dabei darauf, das Armband nicht zu verdrehen.

Muschelhälften (Seite 29)

Für ein Haarband: Miss mit dem Maßband vom unteren Ende deines linken Ohrs über die höchste Stelle deines Kopfs bis zum unteren Ende deines rechten Ohrs. Von dieser Länge ziehst du 2,5 cm ab. Das ist die fertige Länge des oberen Teils für dein Haarband. Jetzt fertigst du ein Motiv. Du wiederholst das Motiv so oft, wie es notwendig ist, um die endgültige Länge für den oberen Teil des Haarbands zu erreichen (siehe Seite 7). Wenn du das letzte Motiv fertiggestellt hast, knüpfst du an dieses Motiv eine Kette aus Gummiringen für den unteren Teil des Haarbands nach der folgenden Vorgabe an: DZ2, GAH. Dies wiederholst du so lange, bis die Kette ausreichend lang ist, damit dein Haarband bequem um deinen Kopf herumpasst und gut sitzt.

Dann bringst du einen Verschluss am ersten Basis-Gummiring (SG1) und am letzten Gummiring der Kette an. Achtung: Das Haarband dabei nicht in sich verdrehen!

Für ein Buchband: Ein Buchband hat die Form eines länglichen Ovals, das man entweder dazu verwenden kann, ein Buch geschlossen zu halten, oder man benutzt es als Lesezeichen. Miss die Höhe des Bucheinbands und ziehe 2,5 cm ab. Damit hast du die Länge für die Deckblattseite deines Buchbands. Fertige ein Motiv. Wiederhole das Motiv so oft, wie es für die ermittelte Länge der Deckblattseite notwendig ist (siehe Seite 7). Vom letzten Motiv ausgehend, fertigst du dann eine Kette aus Gummiringen nach der folgenden Vorgabe an: DZ2, GAH. Wiederhole dies so lange, bis die Kette genauso lang ist wie die errechnete Deckblattseite. Prüfe, ob das Buchband genau um dein Buch passt, bevor du es fertigstellst. Der Verschluss wird dann wie beim Arm- oder Haarband gearbeitet.

Für das Haarband und das Buchband: Nach dem Start mit dem Liegende-Acht-Gummiring (L8) arbeite zwei oder drei Gummiringe zu einer Kette (K) und fahre dann mit dem zweiten Basis-Gummiring (BG) und dem gewählten Motiv fort. Du kannst dadurch den Verschluss besser verstecken, wenn das Projekt fertig ist. So sieht es eleganter aus. Wenn du dich für diese Möglichkeit entscheidest, musst du die Kettenglieder natürlich als Teil der Gesamtlänge berücksichtigen.

Variation von Palmenblatt: »Weihnachtsbaum« (Seite 38)

Für eine Halskette: Achte unbedingt darauf, dass die Halskette nicht zu eng wird – Sicherheit geht vor! Gib beim Abmessen um deinen Hals einige Zentimeter dazu, damit die fertige Kette etwas länger ist. Überlege dir, ob du eine kürzere, längere oder ganz lange Kette machen möchtest. Wenn du dich nicht entscheiden kannst, lege vor dem Spiegel ein flexibles Maßband locker wie eine Halskette um deinen Hals und probiere aus, wie die unterschiedlichen Längen aussehen. Wähle dann ein Motiv und fertige es an. Wiederhole es so oft wie nötig, um die gewünschte Länge zu erhalten (siehe Seite 7). Stelle die Kette mit einem Verschluss fertig, wie beim Haar- oder Armband (siehe Seite 17). Das Motiv »Schmuckrand« eignet sich besonders gut für eine tolle Kette und beim Motiv »Runder Anhänger« findest du eine spezielle Anleitung für eine Kette mit mehreren Anhängern nach diesem Motiv (siehe Seite 46).

Motiv »Schmuckrand« (Seite 39)

Mini-Blatt

SCHWIERIGKEITSGRAD: Leicht
GRÖSSE: 1,5 cm pro Motiv

MATERIAL
- 2 Basis-Gummiringe
- 3 Gummiringe pro Motiv
- doppelseitige Häkelnadel
- verschließbarer Maschenmarkierer

TECHNIKEN & ABKÜRZUNGEN
- **BG:** Basis-Gummiring
- **DZ:** Durchziehen
- **G:** Gummiring
- **GAH:** Gummiring auf Häkelnadel
- **L8:** Liegende Acht
- **MM:** Maschenmarkierer
- **S&W:** Schieben & Wenden

So wird's gemacht

Damit du dich schnell mit den Abkürzungen in den Anleitungen (dem Code) vertraut machen kannst, ist diese erste Anleitung noch ausgeschrieben. Die entsprechenden Abkürzungen stehen in Klammern dahinter. Wenn du eine bestimmte Technik vergessen hast, kannst du dir ab Seite 10 noch einmal auf den Fotos ansehen, wie sie funktioniert.

BG1: Liegende Acht (L8)
BG2: Durchziehen durch zwei Schlaufen (DZ2), Gummiring auf Häkelnadel (GAH)
G1: Durchziehen durch eine Schlaufe (DZ1), Gummiring auf Häkelnadel (GAH)
Schieben und Wenden (S&W)
G2: Durchziehen durch eine Schlaufe (DZ1), Gummiring auf Häkelnadel (GAH)
G3: Durchziehen durch alle vier Schlaufen auf der Häkelnadel (DZ4), Gummiring auf Häkelnadel (GAH)

Um weitere Motive zu fertigen, setzt du einen Maschenmarkierer (MM) an die beiden verbliebenen Schlaufen und wiederholst die Schritte für Gummiring 1 bis 3 (G1–G3). Vergiss nicht das »Schieben und Wenden« (S&W) nach Gummiring 1 (G1)! Jetzt wiederholst du das Motiv so lange, bis die gewünschte Länge erreicht ist. Auf den Seiten 17–18 steht, wie du dieses Motiv in ein Armband, ein Buchband, Haarband oder eine Halskette verwandeln kannst. Bringe zum Schluss einen Plastik- oder Metallclip als Verschluss an, und fertig ist dein erstes Projekt!

Mini-Blatt (Fortsetzung)

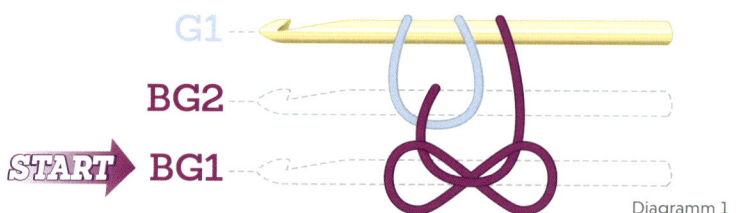

Diagramm 1

Drehe deine Arbeit durch Schieben und Wenden um, damit du die andere Seite bearbeiten kannst.

Diagramm 2

Arbeite weiter, indem du Gummiring 2 (G2) und Gummiring 3 (G3) aufsetzt.

Um das Motiv zu wiederholen, schiebe einen Maschenmarkierer (MM) durch die beiden Schlaufen auf der Häkelnadel und wiederhole die Schritte für Gummiring 1 bis Gummiring 3 (G1–G3).

Diagramm 3

TIPP: Eventuell musst du die Gummiringe und Motive deiner fertigen Projekte ein wenig ziehen und dehnen, damit sie absolut perfekt aussehen.

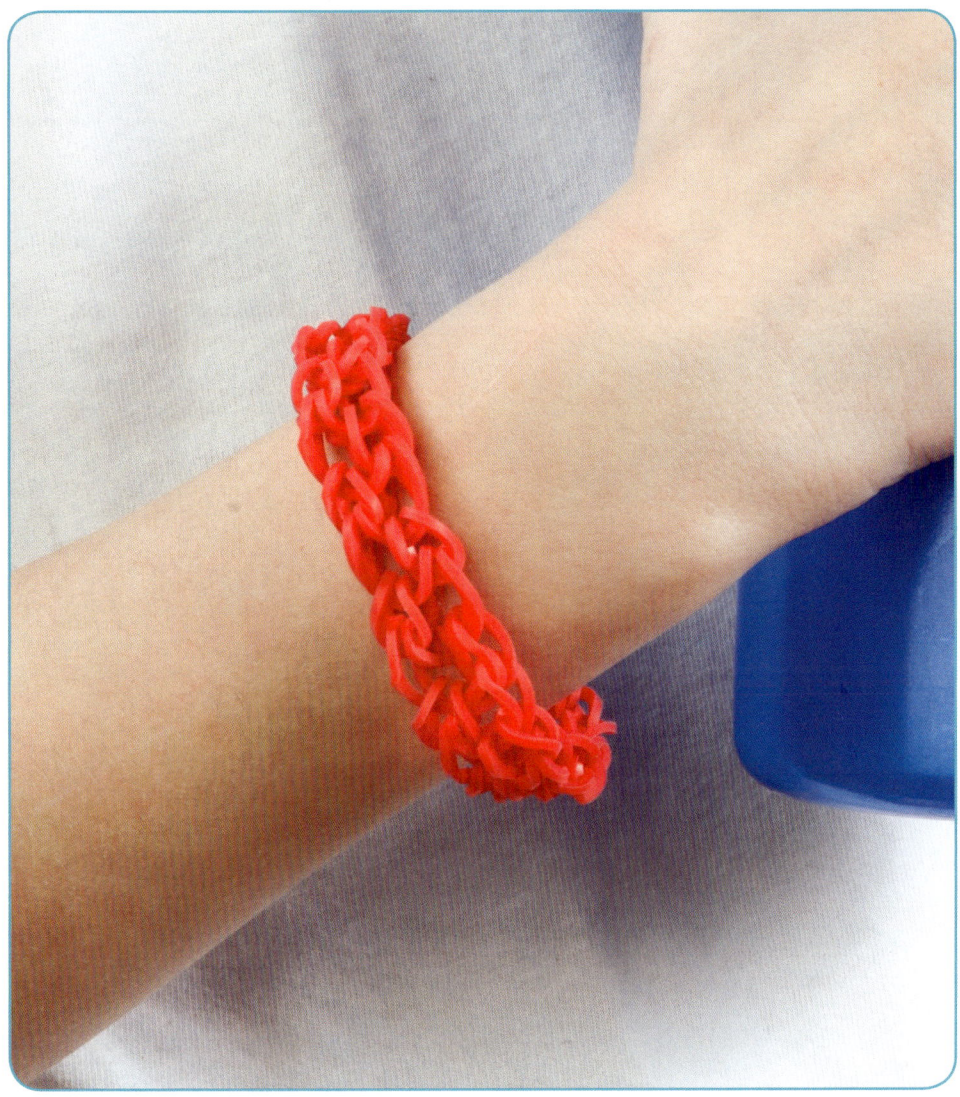

Regentag

SCHWIERIGKEITSGRAD: Leicht
GRÖSSE: 1,5 cm pro Motiv

MATERIAL
- 4 Basis-Gummiringe
- 6 Gummiringe pro Motiv
- doppelseitige Häkelnadel
- verschließbarer Maschenmarkierer

TECHNIKEN & ABKÜRZUNGEN
- **BG:** Basis-Gummiring
- **DZ:** Durchziehen
- **G:** Gummiring
- **GAH:** Gummiring auf Häkelnadel
- **L8:** Liegende Acht
- **MM:** Maschenmarkierer
- **S&W:** Schieben & Wenden

So wird's gemacht

BG1: L8
BG2: DZ2, GAH
BG3: DZ1, GAH
BG4: DZ2, GAH
S&W
G1: DZ2, GAH
G2: DZ2, GAH
S&W
G3: DZ2, GAH
G4: DZ2, GAH
S&W
G5: DZ2, GAH
G6: DZ2, GAH

Zum Wiederholen des Motivs MM, S&W, dann die Schritte G1–G6 wiederholen. An das S&W nach G2, G4 und G6 denken! So oft wiederholen, wie es für die gewünschte Länge erforderlich ist. Auf den Seiten 17–18 beschreibe ich, wie du das Motiv zu einem Armband, einem Buchband, einem Haarband oder einer Halskette verarbeiten kannst. Am Ende ziehst du G6 des letzten Motivs durch alle drei Schlaufen auf der Häkelnadel. Dann GAH. Stelle das Projekt mit einem Plastikclip oder Schmuckverschluss fertig.

Regentag (Fortsetzung)

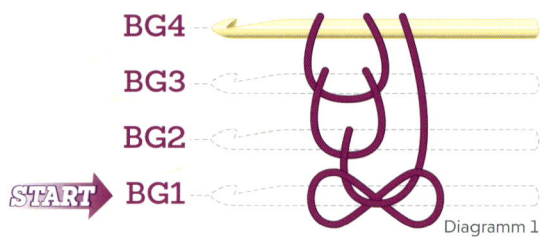

Diagramm 1

Durch Schieben und Wenden drehst du deine Arbeit um und kannst dann die andere Seite bearbeiten.

Diagramm 2

Jetzt G1–G2 hinzufügen.

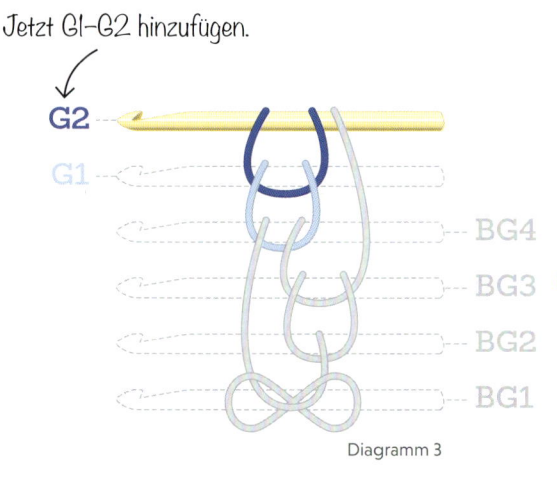

Diagramm 3

Jetzt G3–G4 hinzufügen.

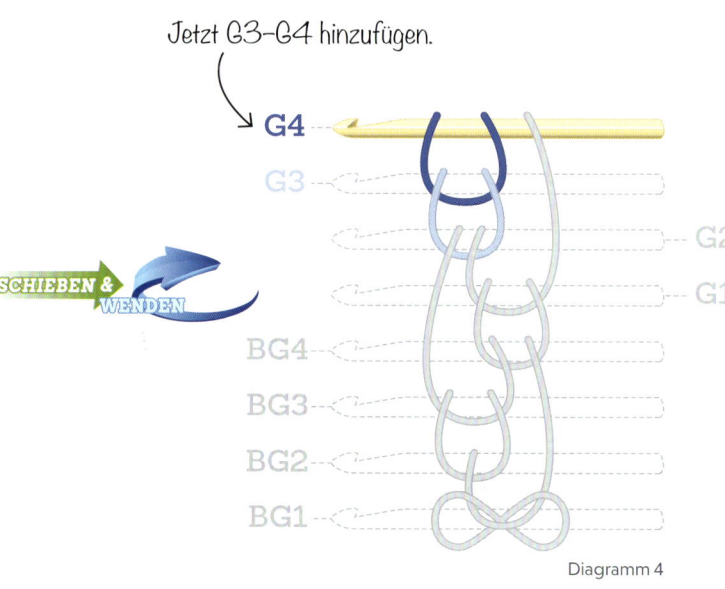

Diagramm 4

Jetzt G5–G6 hinzufügen. Zum Wiederholen des Motivs MM, S&W, dann die Schritte für G1–G6 wiederholen.

Zum Wiederholen des Motivs, hier MM

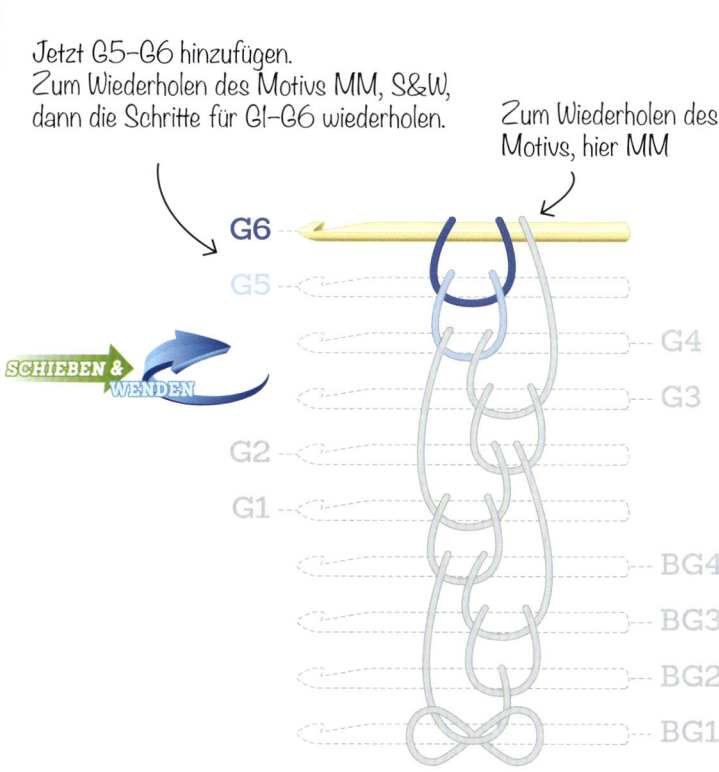

Diagramm 5

Variationen

Lege dir die Gummiringe für die gewählte Variation entsprechend der folgenden Farbtabelle in der richtigen Reihenfolge zurecht. Wenn du dann an dem Motiv arbeitest, kannst du die Gummiringe nacheinander aufnehmen und musst nicht immer zwischen der Arbeitsanleitung und der Farbtabelle hin- und herschauen, um zu sehen, welcher Gummiring als Nächstes dran ist.

Regentropfen

GUMMI-RING	FARBE
BG1	Schwarz
BG2	Schwarz
BG3	Blau
BG4	Schwarz
G1	Blau
G2	Schwarz
G3	Blau
G4	Schwarz
G5	Blau
G6	Schwarz

TIPP: Nachdem du die beiden schwarzen Basis-Gummiringe verarbeitet hast, brauchst du nur noch blaue und schwarze Gummiringe im Wechsel zu nehmen, bis die gewünschte Länge für dein Projekt erreicht ist.

Unterschiedliche Farben

Arbeite jedes Motiv in einer anderen Farbe.

Farbwechsel

Wähle zwei oder drei Farben aus und verändere in jedem Motiv die Reihenfolge. So erhältst du Motive mit Farbmustern wie F1, F2, F1, F2 (siehe Foto) oder F1, F2, F3 usw.

Rubberbands Cooler Schmuck für dich

Wellen

SCHWIERIGKEITSGRAD: Leicht
GRÖSSE: 2 cm pro Motiv

MATERIAL
- 2 Basis-Gummiringe
- 6 Gummiringe pro Motiv
- doppelseitige Häkelnadel
- verschließbarer Maschenmarkierer

TECHNIKEN & ABKÜRZUNGEN
- **BG:** Basis-Gummiring
- **DZ:** Durchziehen
- **G:** Gummiring
- **GAH:** Gummiring auf Häkelnadel
- **L8:** Liegende Acht
- **MM:** Maschenmarkierer
- **S&W:** Schieben & Wenden

TIPP: Dieses Muster hat richtig Schwung und Rhythmus, denn es werden immer die gleichen Schritte wiederholt. Nachdem du die Basis-Gummiringe gearbeitet hast, kannst du ja mal ausprobieren, bei der Arbeit zu singen: 1, 2, 3, S&W!

So wird's gemacht

BG1: L8
BG2: DZ2, GAH
G1: DZ1, GAH
G2: DZ2, GAH
G3: DZ3 (alle Schlaufen auf der Nadel), GAH
S&W
G4: DZ1, GAH
G5: DZ2, GAH
G6: DZ3 (alle Schlaufen auf der Nadel), GAH

Zum Wiederholen des Motivs MM, S&W, dann die Schritte G1–G6 wiederholen. An das S&W nach G3 und G6 denken. So oft wiederholen, wie es für die gewünschte Länge erforderlich ist. Auf den Seiten 17–18 beschreibe ich, wie du das Motiv zu einem Armband, einem Buchband, einem Haarband oder einer Halskette verarbeiten kannst. Dann stelle das Projekt mit einem Plastikclip oder Schmuckverschluss fertig.

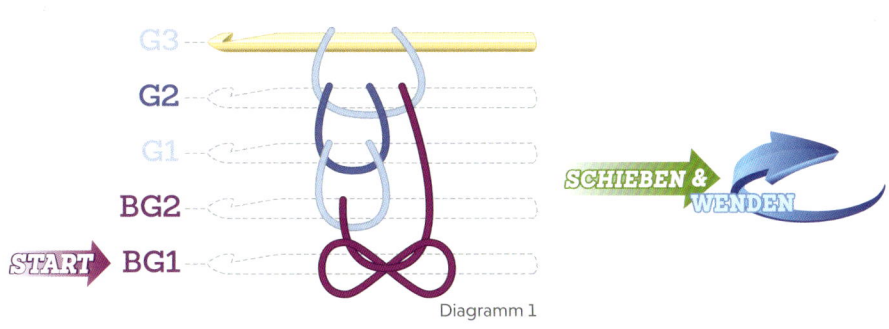

Diagramm 1

Diagramm 2

Jetzt G4–G6 hinzufügen. Zum Wiederholen des Motivs MM, S&W, dann die Schritte für G1–G6 wiederholen.

Variationen

Lege dir die Gummiringe für die gewählte Variation entsprechend der folgenden Farbtabelle in der richtigen Reihenfolge zurecht. Wenn du dann an dem Motiv arbeitest, kannst du die Gummiringe nacheinander aufnehmen und musst nicht immer zwischen der Arbeitsanleitung und der Farbtabelle hin- und herschauen, um zu sehen, welcher Gummiring als Nächstes dran ist.

Regenbogen 1

Regenbogen 2

GUMMI-RING	FARBE
BG1 & BG2	Rot
G1	Rot
G2	Orange
G3	Gelb
G4	Hellgrün
G5	Hellblau
G6	Lila

Wiederhole die Farbfolge durchgehend für jedes Motiv.

GUMMI-RING	FARBE
BG1 & BG2	Weiß
G1	Rot
G2	Orange
G3	Weiß
G4	Gelb
G5	Hellgrün
G6	Weiß
G1	Hellblau
G2	Lila
G3	Weiß

Wiederhole die Farbfolge durchgehend für jedes Motiv.

Rubberbands Cooler Schmuck für dich

Wellen (Fortsetzung)

Regenbogen aus Farbblöcken

GUMMI-RING	FARBE
BG1 & BG2	Rot
Motiv 1, G1–G5	Rot
Motiv 1, G6	Orange
Motiv 2, G1–G5	Orange
Motiv 2, G6	Gelb
Motiv 3, G1–G5	Gelb
Motiv 3, G6	Hellgrün
Motiv 4, G1–G5	Hellgrün
Motiv 4, G6	Hellblau
Motiv 5, G1–G5	Hellblau
Motiv 5, G6	Lila
Motiv 6, G1–G6	Lila

Diese Anzahl an Motiven ergibt ein 13,5 cm langes Armband. Füge einfach weitere Motive an oder fertige weniger, wenn es für dein Projekt erforderlich ist.

Zweifarbig – zwei Farbblöcke pro Motiv

GUMMI-RING	FARBE
BG1 & BG2	Hellgrün
G1–G2	Hellgrün
G3–G5	Hellblau
G6–G2	Hellgrün
G3–G5	Hellblau

Nach jedem dritten Gummiring die Farbe kontinuierlich wechseln.

Zweifarbig – eine Farbe pro Motiv

Arbeite BG1–BG2 und G1–G5 in der ersten Farbe. Arbeite dann G6–G5 in der zweiten Farbe. Fahre fort und verwende durchgehend jeweils die gleiche Farbe von G6–G5.

Dreifarbig mit Farbblöcken

Arbeite BG1–BG2 und G1–G2 in der ersten Farbe, dann G3–G5 in der zweiten Farbe und G6–G2 in der dritten Farbe. Dann setze die Farbfolge fort, dabei nach jedem dritten Gummiring die Farbe wechseln.

Dreifarbig mit Gummiring-Farbwechseln

Wähle drei Farben und wechsle die Farbe kontinuierlich mit jedem Gummiring durch das gesamte Projekt. Zum Beispiel: BGs Rot, G1 Rot, G2 Weiß, G3 Blau, G4 Rot, G5 Weiß, G6 Blau, G1 Rot usw.

Weinblätter

SCHWIERIGKEITSGRAD: Leicht
GRÖSSE: 2 cm pro Motiv

MATERIAL
- Basis-Gummiring
- 7 Gummiringe pro Motiv
- doppelseitige Häkelnadel
- verschließbarer Maschenmarkierer
- Faden (optional, um Charms anzubringen)

TECHNIKEN & ABKÜRZUNGEN
- **BG:** Basis-Gummiring
- **DZ:** Durchziehen
- **G:** Gummiring
- **GAH:** Gummiring auf Häkelnadel
- **L8:** Liegende Acht
- **MM:** Maschenmarkierer
- **S&W:** Schieben & Wenden

So wird's gemacht

BG: L8
G1: DZ2, GAH
G2: DZ1, GAH
G3: DZ1, GAH
S&W
G4: DZ1, GAH
G5: DZ1, GAH
G6: DZ6 (alle Schlaufen auf der Nadel), GAH
G7: DZ2, GAH

Zum Wiederholen des Motivs MM und dann die Schritte G1–G7 wiederholen. An das S&W nach G3 denken. So oft wiederholen, wie es für die gewünschte Länge erforderlich ist. Auf den Seiten 17–18 siehst du, wie du das Motiv zu einem Buchband oder zu Schmuck verarbeiten kannst. Stelle dein Projekt mit einem Plastikclip oder Schmuckverschluss fertig.

Weinblätter (Fortsetzung)

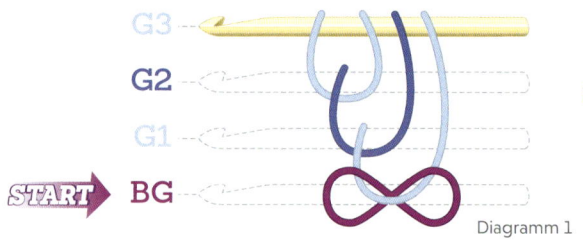

Diagramm 1

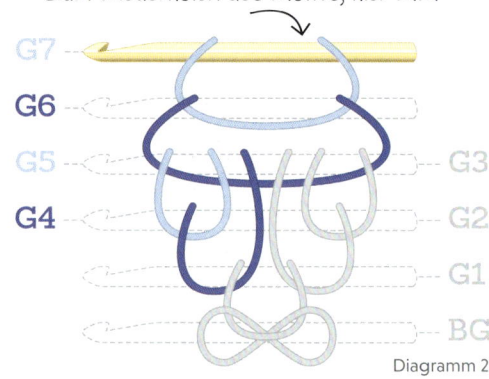

Diagramm 2

Jetzt G4–G7 hinzufügen. Zum Wiederholen des Motivs MM und dann die Schritte G1–G7 wiederholen.

TIPP: Wie wär's mit Charms zum Verzieren für deine Weinblätter? Dazu fädelst du einen Charm auf G7 auf, bevor du den Gummiring auf die Häkelnadel aufsetzt. Dann arbeitest du G7 nach Anleitung und der Charm hängt am G7 in deinem Motiv. Du kannst gekaufte Charms verwenden oder einzelne Rubberband-Motive vorfertigen, wie Erdbeeren oder Weintrauben (siehe oberes Foto).

Muschelhälften

SCHWIERIGKEITSGRAD: Mittel
GRÖSSE: 2 cm pro Motiv

MATERIAL
- 2 Basis-Gummiringe
- 10 Gummiringe pro Motiv
- doppelseitige Häkelnadel
- verschließbarer Maschenmarkierer

TECHNIKEN & ABKÜRZUNGEN
- **BG:** Basis-Gummiring
- **DZ:** Durchziehen
- **G:** Gummiring
- **GAH:** Gummiring auf Häkelnadel
- **L8:** Liegende Acht
- **MM:** Maschenmarkierer
- **S&W:** Schieben & Wenden

So wird's gemacht

BG1: L8
BG2: DZ2, GAH
G1: DZ1, GAH
G2: DZ1, GAH
G3: DZ1, GAH
G4: DZ1, GAH
G5: DZ6 (alle Schlaufen auf der Nadel), GAH

S&W

G6: DZ1, GAH
G7: DZ1, GAH
G8: DZ1, GAH
G9: DZ1, GAH
G10: DZ6 (alle Schlaufen auf der Nadel), GAH

Zum Wiederholen des Motivs MM S&W, dann die Schritte G1–G10 wiederholen. An das S&W nach G5 und G10 denken. So oft wiederholen, wie es für die gewünschte Länge erforderlich ist. Auf den Seiten 17–18 siehst du, wie du das Motiv zu einem Buchband oder zu Schmuck verarbeiten kannst. Stelle das Projekt mit einem Plastikclip oder Schmuckverschluss fertig.

TIPP: Die Motive werden jetzt etwas schwieriger, deshalb ist es wichtig, dass du den Überblick behältst und immer genau darauf achtest, wo in deinem Motiv du gerade arbeitest. Zähle die benötigten Gummiringe immer vor Beginn ab. Lege dir für dieses Motiv zwei Basis-Gummiringe bereit und zähle für jedes einzelne Motiv Stapel aus zehn Gummiringen ab. Dann arbeitest du die Stapel nacheinander für jedes Motiv ab.

Muschelhälften (Fortsetzung)

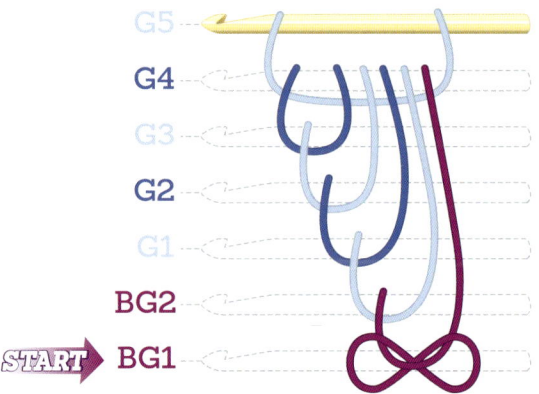

Diagramm 1

SCHIEBEN & WENDEN

Zum Wiederholen des Motivs, hier MM

Diagramm 2

Jetzt G6–G10 hinzufügen. Zum Wiederholen des Motivs MM, S&W, dann die Schritte G1–G10 wiederholen.

Variationen

Lege dir die Gummiringe für die gewählte Variation entsprechend der nachstehenden Farbtabelle in der richtigen Reihenfolge zurecht.

Regenbogen

GUMMIRING	FARBE
BG1 & BG2	Rot
G1	Pink
G2	Gelb
G3	Hellgrün
G4	Hellblau
G5	Rot
G6	Pink
G7	Gelb
G8	Hellgrün
G9	Hellblau
G10	Rot

Wiederhole die Farbfolge durchgehend für jedes Motiv.

Zweifarbig – zwei Farbblöcke pro Motiv

GUMMIRING	FARBE
BG1 & BG2	Hellgrün
G1–G4	Hellgrün
G5–G9	Hellblau
G10–G4	Hellgrün
G5–G9	Hellblau

Nach jedem fünften Gummiring die Farbe kontinuierlich wechseln.

Regenbogen aus Farbblöcken

GUMMIRING	FARBE
BG1 & BG2	Rot
Motiv 1, G1–G9	Rot
Motiv 1, G10	Orange
Motiv 2, G1–G9	Orange
Motiv 2, G10	Gelb
Motiv 3, G1–G9	Gelb
Motiv 3, G10	Hellgrün
Motiv 4, G1–G9	Hellgrün
Motiv 4, G10	Hellblau
Motiv 5, G1–G9	Hellblau
Motiv 5, G10	Lila
Motiv 6, G1–G10	Lila

Diese Anzahl an Motiven ergibt ein 15 cm langes Armband. Füge einfach weitere Motive an oder fertige weniger, wenn es für dein Projekt erforderlich ist.

Zweifarbig – eine Farbe pro Motiv

Arbeite BG1–G9 in der ersten Farbe. Arbeite dann G10–G9 in der zweiten Farbe. Fahre fort und verwende durchgehend jeweils die gleiche Farbe von G10–G9, immer im Wechsel.

Dreifarbig mit drei Farbblöcken

Arbeite BG1–G4 in Rot, dann G5–G9 in Pink und G10–G4 in Weiß. Dann die Farbfolge fortsetzen, dabei nach jedem fünften Gummiring die Farbe wechseln.

Dreifarbig, mit Gummiring-Farbwechseln

Wähle drei Farben und wechsle die Farbe kontinuierlich mit jedem Gummiring durch das gesamte Projekt. Zum Beispiel: BGs Rot, G1 Rot, G2 Weiß, G3 Blau, G4 Rot G5 Weiß, G6 Blau, G7 Rot usw.

Rubberbands Cooler Schmuck für dich

Jakobsmuschel

SCHWIERIGKEITSGRAD: Mittel
GRÖSSE: 2 cm pro Motiv

MATERIAL

- Basis-Gummiring
- 10 Gummiringe pro Motiv
- 10 Schmuckperlen Größe 6 pro Motiv (optional, für die Variation »Zuckerstreusel«)
- doppelseitige Häkelnadel
- Schlaufenhalter (optional, für die Variation »Zuckerstreusel«)
- verschließbarer Maschenmarkierer
- Faden (optional, für die Variation »Zuckerstreusel«)

TECHNIKEN & ABKÜRZUNGEN

- **A:** Abheben (Schlaufen von der Häkelnadel)
- **AE:** Arbeitsende
- **Auffädeln:** Die angegebene Zahl Schlaufen durch das Loch der Perle ziehen.
- **BG:** Basis-Gummiring
- **DZ:** Durchziehen
- **G:** Gummiring
- **GAH:** Gummiring auf Häkelnadel
- **L8:** Liegende Acht
- **MM:** Maschenmarkierer
- **S&W:** Schieben & Wenden
- **ZS:** Zurücksetzen (die abgehobenen Schlaufen auf die Häkelnadel)

TIPP: Achte beim Auffädeln darauf, dass die Schlaufen wirklich sicher auf dem Faden liegen, bevor du sie von der Häkelnadel abhebst. Du kannst sie auch mit einem Maschenmarkierer sichern, damit sie sich nicht versehentlich lösen.

So wird's gemacht

BG: L8
G1: DZ2, GAH
G2: DZ1, GAH
Für die Variation »Zuckerstreusel«:
A1, eine pinkfarbene Perle auf die erste Schlaufe am AE auffädeln, ZS1
G3: DZ1, GAH
Für die Variation »Zuckerstreusel«:
A1, eine orange Perle auf die erste Schlaufe am AE auffädeln, ZS1
G4: DZ1, GAH
Für die Variation »Zuckerstreusel«:
A1, eine hellgrüne Perle auf die erste Schlaufe am AE auffädeln, ZS1
G5: DZ1, GAH
Für die Variation »Zuckerstreusel«:
A1, eine blaue Perle auf die erste Schlaufe am AE auffädeln, ZS1, eine lilafarbene Perle auf die zurückgesetzte Schlaufe auffädeln

S&W
G6: DZ1, GAH
Für die Variation »Zuckerstreusel«:
A1, eine pinkfarbene Perle auf die erste Schlaufe am AE auffädeln, ZS1
G7: DZ1, GAH
Für die Variation »Zuckerstreusel«:
A1, eine orange Perle auf die erste Schlaufe am AE auffädeln, ZS1
G8: DZ1, GAH
Für die Variation »Zuckerstreusel«:
A1, eine hellgrüne Perle auf die erste Schlaufe am AE auffädeln, ZS1
G9: DZ1, GAH
Für die Variation »Zuckerstreusel«:
A1, eine blaue Perle auf die erste Schlaufe am AE auffädeln, ZS1, eine lilafarbene Perle auf die zurückgesetzte Schlaufe auffädeln.
G10: DZ10 (alle Schlaufen auf der Nadel), GAH

Zum Wiederholen des Motivs MM und dann die Schritte G1–G10 wiederholen. An das S&W nach G5 denken. So oft wiederholen, wie es für die gewünschte Länge erforderlich ist. Auf den Seiten 17–18 siehst du, wie du das Motiv zu einem Buchband oder zu Schmuck verarbeiten kannst. Stelle das Projekt mit einem Plastikclip oder Schmuckverschluss fertig.

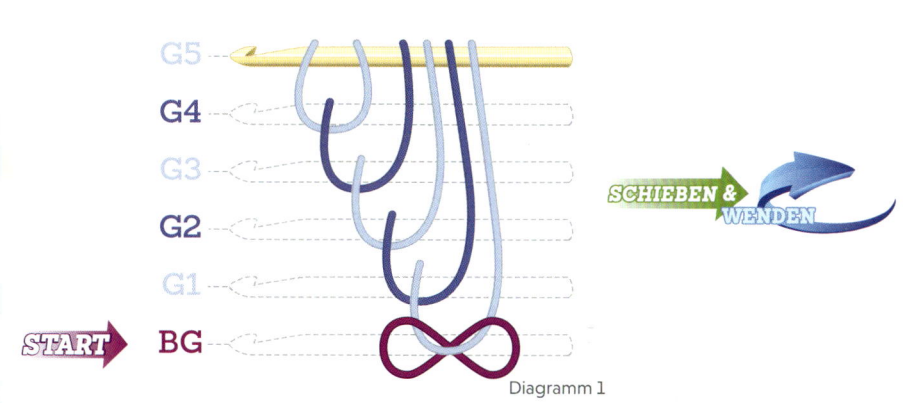

Diagramm 1

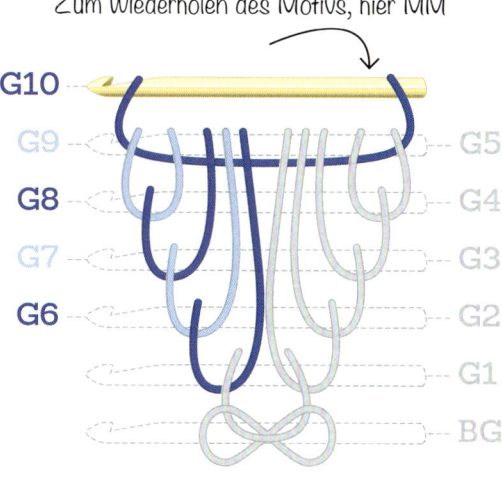

Diagramm 2

Variationen
Lege dir die Gummiringe für die gewählte Variation entsprechend der nachstehenden Farbtabelle in der richtigen Reihenfolge zurecht.

Jetzt G6–G10 hinzufügen. Zum Wiederholen des Motivs MM und dann die Schritte G1–G10 wiederholen.

Zuckerstreusel

GUMMI-RING	FARBE	PERLEN-FARBE
BG	Weiß	Keine Perle
G1	Weiß	Keine Perle
G2	Weiß	Pink
G3	Weiß	Orange
G4	Weiß	Hellgrün
G5	Weiß	Blau und Lila
G6	Weiß	Pink
G7	Weiß	Orange
G8	Weiß	Hellgrün
G9	Weiß	Blau und Lila
G10	Weiß	Keine Perle

Variation »Zuckerstreusel«

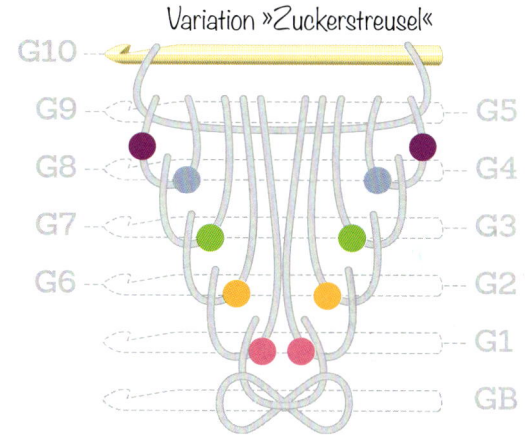

Regenbogen

GUMMI-RING	FARBE
BG	Lila
G1	Lila
G2	Hellblau
G3	Hellgrün
G4	Gelb
G5	Rot
G6	Hellblau
G7	Hellgrün
G8	Gelb
G9	Rot
G10	Weiß

Wiederhole die Farbfolge durchgehend für jedes Motiv.

Erdbeeren

SCHWIERIGKEITSGRAD: Mittel
GRÖSSE: 4,5 cm pro Motiv

MATERIAL

- roter Basis-Gummiring
- 20 rote Gummiringe pro Motiv
- 8 grüne Gummiringe pro Motiv
- doppelseitige Häkelnadel
- verschließbarer Maschenmarkierer

TECHNIKEN & ABKÜRZUNGEN

- **Abketten:** Hebe die zweite Schlaufe ab und ziehe sie über die erste und dann über das Ende der Häkelnadel. Lass dabei die erste Schlaufe auf der Häkelnadel. Danach hast du noch eine Schlaufe auf der Nadel.
- **AE:** Arbeitsende
- **BG:** Basis-Gummiring
- **DZ:** Durchziehen
- **G:** Gummiring
- **GAH:** Gummiring auf Häkelnadel
- **L8:** Liegende Acht
- **MM:** Maschenmarkierer
- **S&W:** Schieben & Wenden

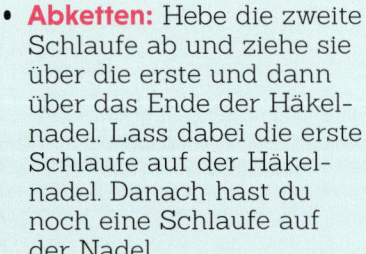

TIPP: Bei der Arbeit an diesem Motiv solltest du immer darauf achten, dass die Schlaufe, die nach dem Abketten auf der Häkelnadel zurückbleibt, sich vom Arbeitsende deiner Häkelnadel wegneigt. Für Rechtshänder bedeutet das, dass die abgeketteten Schlaufen sich immer zur rechten Seite neigen. So entsteht die Form der Erdbeeren.

So wird's gemacht

Mit Ausnahme des Basis-Gummirings werden hier für jeden Schritt grundsätzlich immer zwei Gummiringe behandelt wie einer. Zum Beispiel musst du für G1 beim ersten Motiv zwei rote Gummiringe durch zwei Schlaufen auf der Häkelnadel ziehen. Zwei Gummiringe wie einen verwenden bedeutet, dass auch immer doppelte Schlaufen auf der Häkelnadel sind. Jede doppelte Schlaufe muss wie eine einzige behandelt werden.

BG (Rot): L8

Denke daran, für jeden der folgenden Schritte zwei Gummiringe wie einen zu behandeln, und auch alle doppelten Schlaufen wie eine Schlaufe!

G1 (Rot): DZ2 (nur für das erste Motiv); für die folgenden Motive DZ1, GAH
G2 (Rot): DZ1, GAH
G3 (Grün): DZ1, GAH
S&W
G4 (Rot): DZ1, GAH
G5 (Grün): DZ1, GAH
G6 (Rot): DZ6 (alle Schlaufen auf der Häkelnadel), GAH
Abketten

Denke daran, für jeden der folgenden Schritte zwei Gummiringe wie einen zu behandeln, und auch alle doppelten Schlaufen wie eine Schlaufe!

G7 (Rot): DZ1, GAH
G8 (Rot): DZ1, GAH
G9 (Rot): DZ1, GAH
G10 (Grün): DZ1, GAH
S&W
G11 (Rot): DZ1, GAH
G12 (Rot): DZ1, GAH
G13 (Grün): DZ1, GAH
G14 (Rot): DZ8 (alle Schlaufen auf der Häkelnadel), GAH
Abketten

Zum Wiederholen des Motivs MM und dann die Schritte G1–G14 wiederholen, inklusive des zweiten Abkettens. An das S&W nach G3 und G10 und das Abketten nach G6 und G14 denken. So oft wiederholen, wie es für die gewünschte Länge erforderlich ist. Auf den Seiten 17–18 siehst du, wie du das Motiv zu einem Buchband oder zu Schmuck verarbeiten kannst. Stelle das Projekt mit einem Plastikclip oder Schmuckverschluss fertig.

Diagramm 1 — Nur bei G1, für das erste Motiv D22

Diagramm 2 — Jetzt G4–G6 hinzufügen. Abketten.
Zum Wiederholen des Motivs, hier MM.

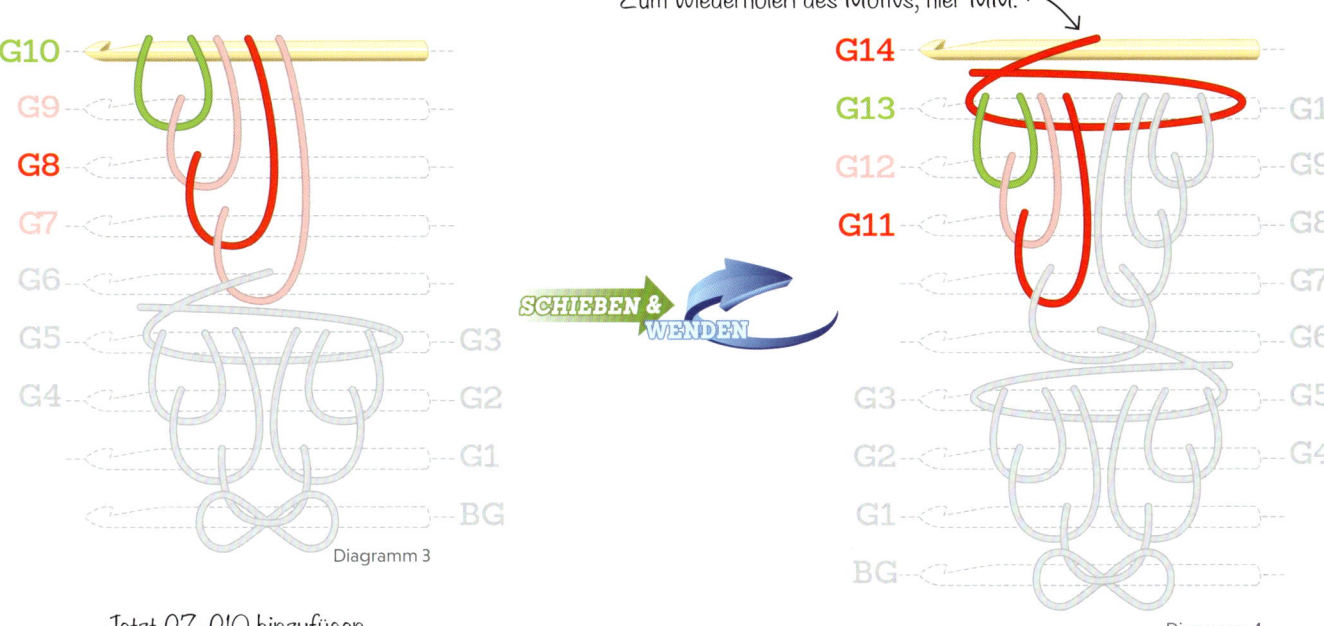

Diagramm 3 — Jetzt G7–G10 hinzufügen.

Diagramm 4 — Jetzt G11–G14 hinzufügen. Abketten.
Zum Wiederholen des Motivs MM und die Schritte G1–G14 wiederholen.

Variationen

Weintrauben

Ersetze alle roten Gummiringe im Motiv durch hellviolettfarbene. Für das abgebildete Beispiel habe ich Gummiringe mit kleinen Noppen verwendet, die ein wenig dicker sind als die normalen Gummiringe. Deshalb habe ich auf die Verdopplung der Gummiringe, die in der Anleitung steht, verzichtet. Auf Seite 28 wird gezeigt, wie du die Trauben in das Motiv »Weinblätter« einarbeiten kannst.

TIPP: Bei diesem Muster entstehen zwei Erdbeeren pro Motiv – eine kleine und eine große!

TIPP: Wenn du Erdbeeren oder Weintrauben als Anhänger verwendest, solltest du grüne Gummiringe für G6 und G14 verwenden. Das ergibt den perfekten Look!

Rubberbands Cooler Schmuck für dich 35

Palmenblatt

SCHWIERIGKEITSGRAD: Mittel
GRÖSSE: 2,5 cm pro Motiv

MATERIAL

- Basis-Gummiring
- 22 Gummiringe pro Motiv
- doppelseitige Häkelnadel
- Schlaufenhalter (optional, für die Variation »Weihnachtsbaum«)
- verschließbarer Maschenmarkierer
- Faden (optional, für die Variation »Weihnachtsbaum«)
- sternenförmige Knöpfe, 1 für jedes Doppelmotiv (optional, für die Variation »Weihnachtsbaum«)
- beliebige Anzahl roter und goldfarbener Glasperlen, Größe 6 (optional, für die Variation »Weihnachtsbaum«)

TECHNIKEN & ABKÜRZUNGEN

- **A:** Abheben (Schlaufen von der Häkelnadel)
- **AE:** Arbeitsende
- **Auffädeln:** Ziehe die angegebene Zahl Schlaufen durch das Loch in der Perle.
- **BG:** Basis-Gummiring
- **DZ:** Durchziehen
- **G:** Gummiring
- **GAH:** Gummiring auf Häkelnadel
- **K:** Kette
- **L8:** Liegende Acht
- **MM:** Maschenmarkierer
- **S&W:** Schieben & Wenden
- **ZS:** Zurücksetzen (die abgehobenen Schlaufen auf die Häkelnadel)

So wird's gemacht

BG: L8
G1: DZ2, GAH
G2: DZ1, GAH
G3: DZ2, GAH
G4: DZ1, GAH
S&W
G5: DZ1, GAH
G6: DZ2, GAH
G7: DZ1, GAH
G8: DZ2, GAH
G9: DZ1, GAH
G10: DZ2, GAH
S&W
G11: DZ2, GAH
G12: DZ1, GAH
G13: DZ2, GAH
G14: DZ1, GAH
G15: DZ2, GAH
G16: DZ1, GAH
G17: DZ2, GAH
S&W
G18: DZ1, GAH
G19: DZ2, GAH
G20: DZ1, GAH
G21: DZ2, GAH
G22: DZ12 (alle Schlaufen auf der Häkelnadel), GAH

Zum Wiederholen des Motivs MM und dann die Schritte G1–G22 wiederholen. An das S&W nach G4, G10, G17 und manchmal auch nach G22 denken (siehe TIPP auf Seite 37). Auf den Seiten 17–18 siehst du, wie du das Motiv zu einem Buchband oder zu Schmuck verarbeiten kannst. Wiederhole das Motiv so oft, wie es für die gewünschte Länge erforderlich ist. Stelle das Projekt mit einem Plastikclip oder Schmuckverschluss fertig.

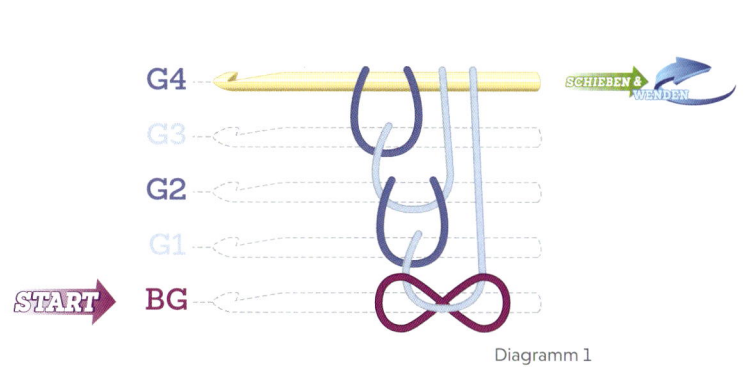

Diagramm 1

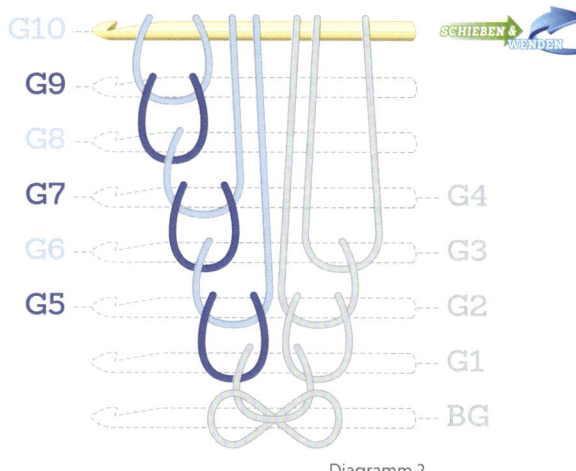

Diagramm 2

Jetzt G5–G10 hinzufügen.

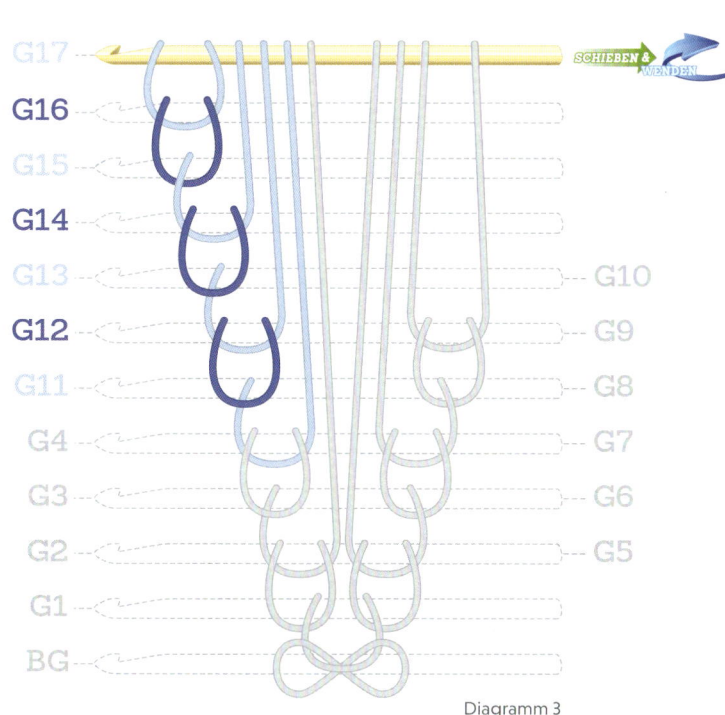

Diagramm 3

Jetzt G11–G17 hinzufügen.

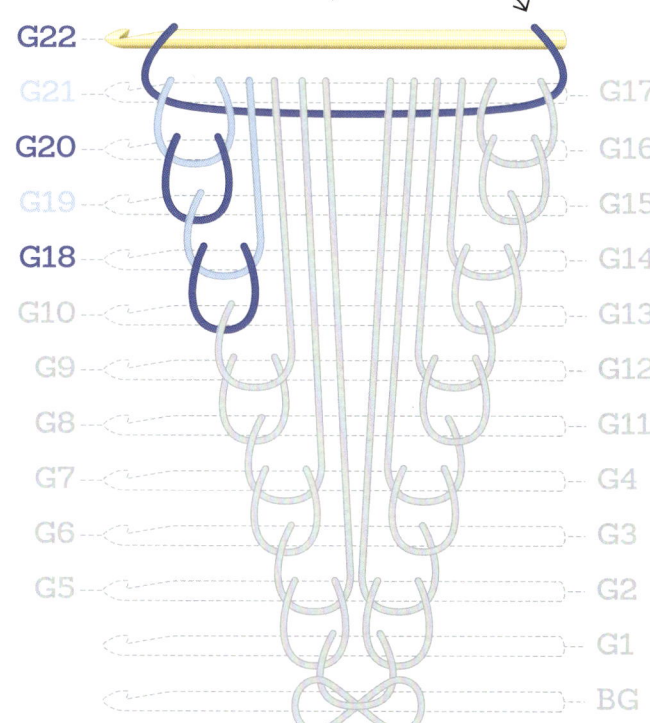

Diagramm 4

Jetzt G18–G22 hinzufügen. Zum Wiederholen des Motivs MM und die Schritte G1–G22 wiederholen. Um Verzierungen jeweils an der gleichen Seite des Motivs anzubringen, S&W nach G22 (siehe TIPP unten).

TIPP: Wenn du Verzierungen auf einen bestimmten Gummiring (oder mehrere Gummiringe) in jedem Motiv aufziehen möchtest, musst du nach G22 schieben und wenden (S&W), wenn du möchtest, dass die Verzierung sich bei jedem Motiv auf der gleichen Seite befindet. Möchtest du die Verzierungen wechselseitig haben, arbeite ohne S&W nach G22. Dies gilt für alle symmetrischen Motive.

Rubberbands Cooler Schmuck für dich

Palmenblatt (Fortsetzung)

Variationen
Lege dir die Gummiringe für die gewählte Variation entsprechend der nachstehenden Farbtabelle in der richtigen Reihenfolge zurecht.

Weihnachtsbaum

Arbeite BG und G1–G21 in gesprenkelten Gummiringen (Grün/Weiß). Arbeite G22 in Braun. Fädele einen Sternenknopf bei jedem zweiten Motiv auf G1 für ein wechselndes Muster. Kette (Seite 13) zwischen G22 und allen G1 mit Sternenknopf zusätzlich einen braunen Gummiring (G22, K1 in Braun, G1 mit Sternenknopf). Kette nach dem letzten Motiv einen oder mehrere zusätzliche G in Braun. Wenn du möchtest, fädele rote oder goldfarbene Glasperlen (Größe 6) auf die Gummiringe (A1, auf den Gummiring am AE auffädeln, ZS1). Versuche, eine oder mehrere Schlaufen auf einem Schlaufenhalter abzulegen, um Schlaufen in der Mitte des Motivs aufzufädeln, oder mache es dir einfach, indem du keine Schlaufen abhebst und nur die erste Schlaufe am Arbeitsende (AE) zum Auffädeln benutzt. Verwende mal die eine, mal die andere Technik, damit deine Perlen wie zufällig hingestreut wirken.

Lagerfeuer

GUMMI-RING	FARBE
BG	Gelb
G1–G7	Gelb
G8–G13	Orange
G14–G21	Rot
G22	Gelb

Wiederhole die Farbfolge durchgehend für jedes Motiv.

Knöpfe einarbeiten
Für diese Motive kommen zwei verschiedene Arten von Knöpfen infrage – Ösenknöpfe und Lochknöpfe. Ösenknöpfe haben einen kleinen Schaft (oder Öse), an dem sie befestigt werden. Um einen Ösenknopf in dein Design einzufügen, ziehst du die Schlaufen durch das Loch im Schaft, wie du es auch bei einer Perle machen würdest. Ein normaler Lochknopf hat zwei durchgehende Löcher. Um ihn in deinem Design zu verwenden, ziehst du die Schlaufen von hinten nach vorn durch eines der Löcher. Dann fädelst du die Gummiringe durch ein anderes Loch von vorn nach hinten zurück.

Bei Ösenknöpfen fädelst du die Schlaufen durch die Öse.

Bei normalen Lochknöpfen fädelst du die Schlaufen durch eines der Löcher nach oben und durch ein anderes wieder nach unten.

Schmuckrand

SCHWIERIGKEITSGRAD: Anspruchsvoll
GRÖSSE: 3,5 cm pro Motiv

TECHNIKEN & ABKÜRZUNGEN

- **A:** Abheben (Schlaufen von der Häkelnadel)
- **AE:** Arbeitsende
- **Auffädeln:** Die angegebene Zahl Schlaufen durch das Loch in der ausgewählten Verzierung ziehen.
- **BG:** Basis-Gummiring
- **DZ:** Durchziehen
- **G:** Gummiring
- **GAH:** Gummiring auf Häkelnadel
- **Kreuzen:** Mit zwei verschiedenfarbigen Ringen gleichzeitig arbeiten und die vorderen Enden beider Ringe durch die angegebene Anzahl Schlaufen auf der Häkelnadel ziehen. Dann die beiden hinteren Enden auf die Häkelnadel setzen. Die entstandenen vier Schlaufen auf der Nadel müssen jetzt so angeordnet werden, dass vorderes und hinteres Schlaufenende der gleichen Farbe nebeneinander auf der Häkelnadel liegen. Dazu die Schlaufen auf der Nadel kreuzen. Dann die beiden gleichfarbigen Schlaufen so behandeln, als wäre es nur eine.
- **L8:** Liegende Acht
- **MM:** Maschenmarkierer
- **S&W:** Schieben & Wenden
- **ZS:** Zurücksetzen (die abgehobenen Schlaufen auf die Häkelnadel)

So wird's gemacht

BG1: L8
BG2: DZ2, GAH
G1: DZ1, GAH
G2: DZ2, GAH
G3: DZ1, GAH
G4: DZ2, GAH
G5: DZ1, GAH
S&W
G6: DZ1, GAH
G7: DZ2, GAH
G8: DZ1, GAH
G9: DZ2, GAH
G10: DZ1, GAH A3, mit den folgenden beiden Schlaufen am AE auffädeln, ZS3
G11: DZ3, GAH
G12: DZ3, GAH
S&W
G13: DZ3, GAH
G14: DZ3, GAH
G15: DZ4 (alle Schlaufen auf der Häkelnadel), GAH

MATERIAL

- 2 Basis-Gummiringe
- 15 Gummiringe pro Motiv
- doppelseitige Häkelnadel
- Schlaufenhalter
- verschließbarer Maschenmarkierer
- 1 Perle oder Knopf pro Motiv
- Faden oder Auffädler

Zum Wiederholen des Motivs MM und dann die Schritte G1–G15 wiederholen. An das S&W nach G5 und G12 denken. So oft wiederholen, wie es für die gewünschte Länge erforderlich ist. Auf den Seiten 17–18 siehst du, wie du das Motiv zu einem Buchband oder zu Schmuck verarbeiten kannst. Stelle das Projekt mit einem Plastikclip oder Schmuckverschluss fertig.

Schmuckrand (Fortsetzung)

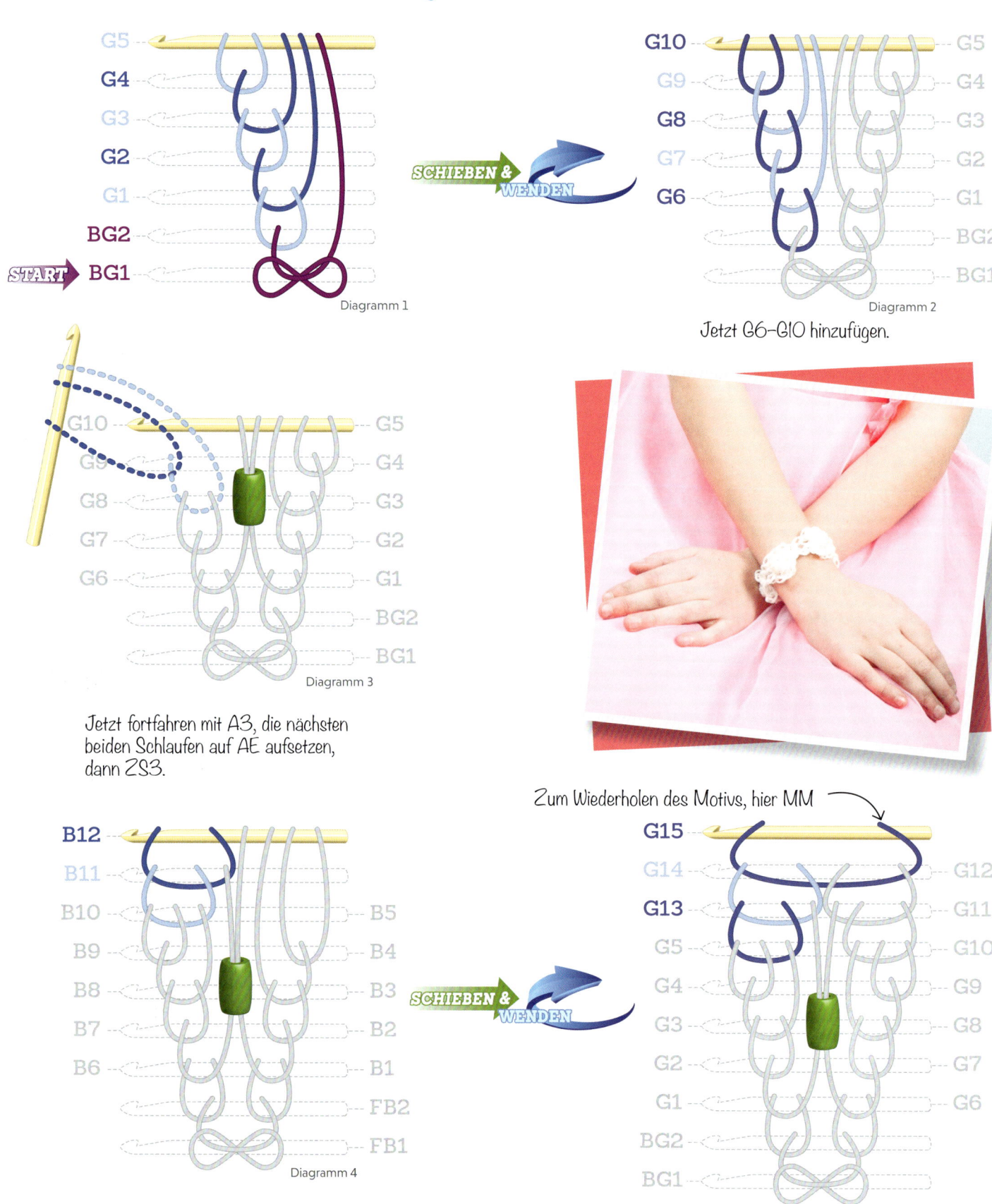

Jetzt G6–G10 hinzufügen.

Jetzt fortfahren mit A3, die nächsten beiden Schlaufen auf AE aufsetzen, dann ZS3.

Jetzt G11 und G12 hinzufügen.

Zum Wiederholen des Motivs, hier MM

Jetzt G13–G15 hinzufügen. Zum Wiederholen des Motivs MM und die Schritte G1–G15 wiederholen.

Variationen

Lege dir die Gummiringe für die gewählte Variation entsprechend der nachstehenden Farbtabellen in der richtigen Reihenfolge zurecht.

Regenbogen

GUMMI-RING	FARBE
BG1 & BG2	Rot
G1	Orange
G2	Weiß
G3	Gelb
G4	Hellgrün
G5	Hellblau
G6	Orange
G7	Weiß
G8	Gelb
G9	Hellgrün
G10	Hellblau
G11	Dunkelblau
G12	Lila
G13	Dunkelblau
G14	Lila
G15	Rot

Wiederhole die Farbfolge durchgehend für jedes Motiv.

Batikmuster

GUMMI-RING	FARBE
BG1 & BG2	Rot
G1	Pink
G2	Gelb
G3	Grün
G4	Blau
G5	Rot
G6	Pink
G7	Gelb
G8	Grün
G9	Blau
G10	Rot
G11	Pink
G12	Gelb
G13	Pink
G14	Gelb
G15	Rot

Wiederhole die Farbfolge durchgehend für jedes Motiv.

Zweifarbiger Zickzack

GUMMI-RING	FARBE FÜR UNGERADE MOTIV-ZAHLEN	FARBE FÜR GERADE MOTIV-ZAHLEN
BG1	Weiß	
BG2	Weiß und Pink, Weiß am AE kreuzen	
G1	Weiß	Pink
G2	Weiß	Pink
G3	Weiß	Pink
G4	Weiß	Pink
G5	Weiß	Pink
G6	Pink	Weiß
G7	Pink	Weiß
G8	Pink	Weiß
G9	Pink	Weiß
G10	Pink	Weiß
G11	Pink	Weiß
G12	Pink	Weiß
G13	Weiß	Pink
G14	Weiß	Pink
G15	Weiß und Pink, Weiß am AE kreuzen	Weiß und Pink, Weiß am AE kreuzen

Wiederhole die Farbfolge durchgehend für jedes Motiv.

Rubberbands Cooler Schmuck für dich

Pompons

SCHWIERIGKEITSGRAD: Anspruchsvoll
GRÖSSE: 3 cm pro Motiv

MATERIAL

- Basis-Gummiring
- 20 Gummiringe pro Motiv
- doppelseitige Häkelnadel
- verschließbarer Maschenmarkierer
- Perlen oder andere Verzierungen (optional, für die Variation »Buchstaben«)
- Faden (optional, für die Variation »Buchstaben«)

TECHNIKEN & ABKÜRZUNGEN

- **Auffädeln:** Die angegebene Zahl Schlaufen durch das Loch in der ausgewählten Verzierung ziehen.
- **BG:** Basis-Gummiring
- **DZ:** Durchziehen
- **G:** Gummiring
- **GAH:** Gummiring auf Häkelnadel
- **L8:** Liegende Acht
- **MM:** Maschenmarkierer
- **S&W:** Schieben & Wenden

So wird's gemacht

BG: L8
G1: DZ2, GAH (wenn du möchtest, kannst du auf diese beiden Schlaufen Verzierungen auffädeln, siehe Seite 43 Motiv »Buchstaben«)
G2–G10: DZ1, GAH
S&W
G11–G19: DZ1, GAH
G20: DZ20 (alle Schlaufen auf der Häkelnadel), GAH

Zum Wiederholen des Motivs MM und dann die Schritte G1–G20 wiederholen. An das S&W nach G10 denken. So oft wiederholen, wie es für die gewünschte Länge erforderlich ist. Auf den Seiten 17–18 siehst du, wie du das Motiv zu einem Buchband oder zu Schmuck verarbeiten kannst. Stelle das Projekt mit einem Plastikclip oder Schmuckverschluss fertig.

TIPP: Zähle für jedes Motiv zwei Stapel aus je neun Gummiringen ab. Arbeite dann G2–G10 vom ersten Stapel ab, dann S&W. Arbeite als nächstes G11–G19 vom zweiten Stapel ab. So brauchst du während der Arbeit nicht immer die Gummiringe abzuzählen.

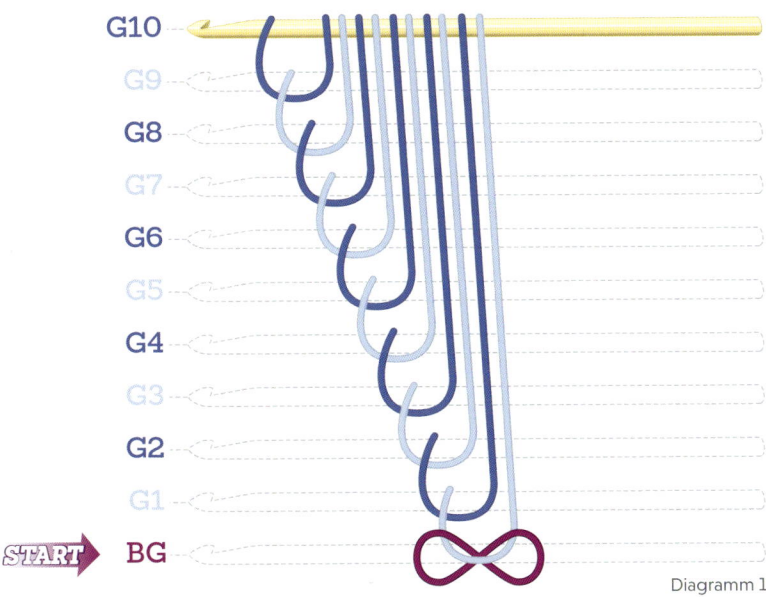

Diagramm 1

SCHIEBEN & WENDEN

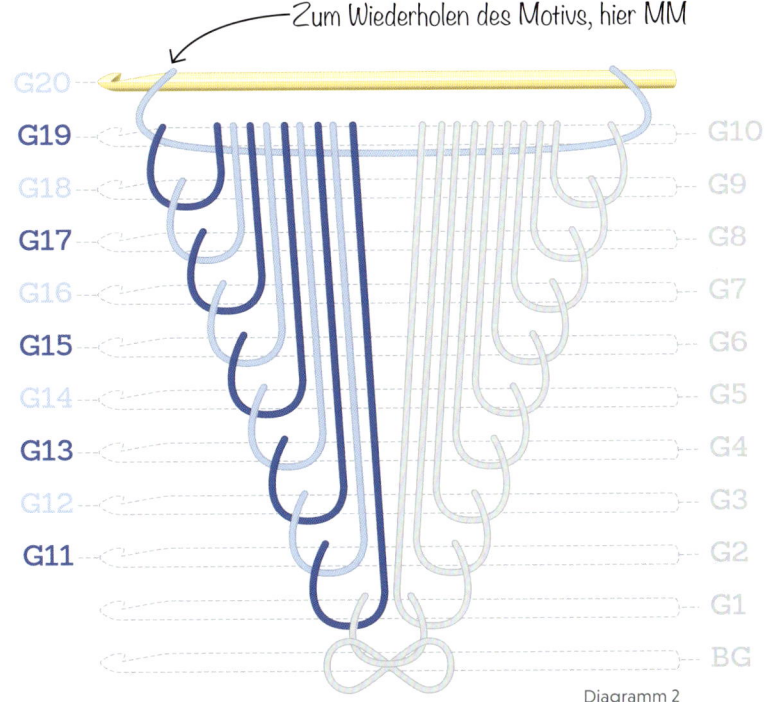

Zum Wiederholen des Motivs, hier MM

Diagramm 2

Jetzt G11–G20 hinzufügen. Zum Wiederholen des Motivs MM und die Schritte G1–G20 wiederholen.

Variationen

Lege dir die Gummiringe für die gewählte Variation entsprechend der nachstehenden Farbtabelle in der richtigen Reihenfolge zurecht.

Pfefferminz

Verwende dafür eine Kombination aus grünen und weißen oder aus roten und weißen Gummiringen. Arbeite den Basis-Gummiring und alle ungeraden Gummiringe (G1, G3, G5 usw.) in Rot oder Grün. Arbeite alle geraden Gummiringe (G2, G4, G6 usw.) in Weiß.

Teamgeist

Arbeite alle ungeraden Motive (1, 3, 5 usw.) in einer Farbe und alle geraden Motive (2, 4, 6 usw.) in einer zweiten Farbe. Verwende die Farben deines Vereins oder Teams!

Buchstaben

Du kannst bei jedem Motiv Perlen auf die beiden Schlaufen von G1 aufsetzen. Wenn du mit Buchstabenperlen arbeitest, kannst du den Namen deines Vereins oder Teams zwischen die Pompons setzen.

Rubberbands Cooler Schmuck für dich   43

Feder

SCHWIERIGKEITSGRAD: Anspruchsvoll
GRÖSSE: 3 cm pro Motiv

MATERIAL

- Basis-Gummiring
- 16 Gummiringe pro Motiv
- doppelseitige Häkelnadel
- Schlaufenhalter
- verschließbarer Maschenmarkierer
- Faden (optional, für die Variation »Pfauenfeder«)
- blaue Pfauenperle (1 cm Durchmesser; optional, für die Variation »Pfauenfeder«)

TECHNIKEN & ABKÜRZUNGEN

- **A:** Abheben (Schlaufen von der Häkelnadel)
- **AE:** Arbeitsende
- **Auffädeln:** Ziehe die angegebene Zahl Schlaufen durch das Loch in der von dir ausgewählten Verzierung.
- **BG:** Basis-Gummiring
- **DZ:** Durchziehen
- **G:** Gummiring
- **GAH:** Gummiring auf Häkelnadel
- **L8:** Liegende Acht
- **MM:** Maschenmarkierer
- **S&W:** Schieben & Wenden
- **ZS:** Zurücksetzen (die abgehobenen Schlaufen auf die Häkelnadel)

So wird's gemacht

BG: L8
G1: DZ2, GAH
G2: DZ1, GAH
G3: DZ2, GAH
S&W
G4: DZ1, GAH
G5: DZ2, GAH
G6: A1, DZ2, GAH, ZS1
G7: DZ1, GAH
S&W
G8: DZ1, GAH
G9: A1, DZ2, GAH, ZS1
S&W
G10: A1, DZ2, GAH, ZS1
G11: DZ2, GAH
S&W
G12: DZ2, GAH
G13: A1, DZ2, GAH, ZS1
S&W
G14: A1, DZ2, GAH, ZS1
G15: A2, DZ2, GAH, ZS2
G16: DZ6 (alle Schlaufen auf der Häkelnadel), GAH

Zum Wiederholen des Motivs MM und dann die Schritte G1–G16 wiederholen. An das S&W nach G3, G7, G9, G11 und G13 denken. So oft wiederholen, wie es für die gewünschte Länge erforderlich ist. Auf den Seiten 17–18 siehst du, wie du das Motiv zu einem Buchband oder zu Schmuck verarbeiten kannst. Stelle das Projekt mit einem Plastikclip oder Schmuckverschluss fertig.

Variationen

Pfauenfeder

Arbeite das ganze Motiv mit Gummiringen in einem mittelgrünen Farbton. Arbeite BG und G1–G14, wie weiter oben beschrieben. Dann arbeite G15 wie folgt: A2, DZ2, GAH. Für das Auge auf der Pfauenfeder fädelst du die ersten beiden Schlaufen am AE durch eine blaue Perle, dann ZS2. G16 arbeitest du dann wieder, wie oben beschrieben.

TIPP: Einige der Gummiringe in diesen Diagrammen wirken länger, als sie bei der Arbeit am Projekt letztendlich sein werden. Sie werden in den Diagrammen sehr gedehnt dargestellt, damit du besser sehen kannst, welche Schritte zu machen sind und wie sie sich auf dein Projekt auswirken.

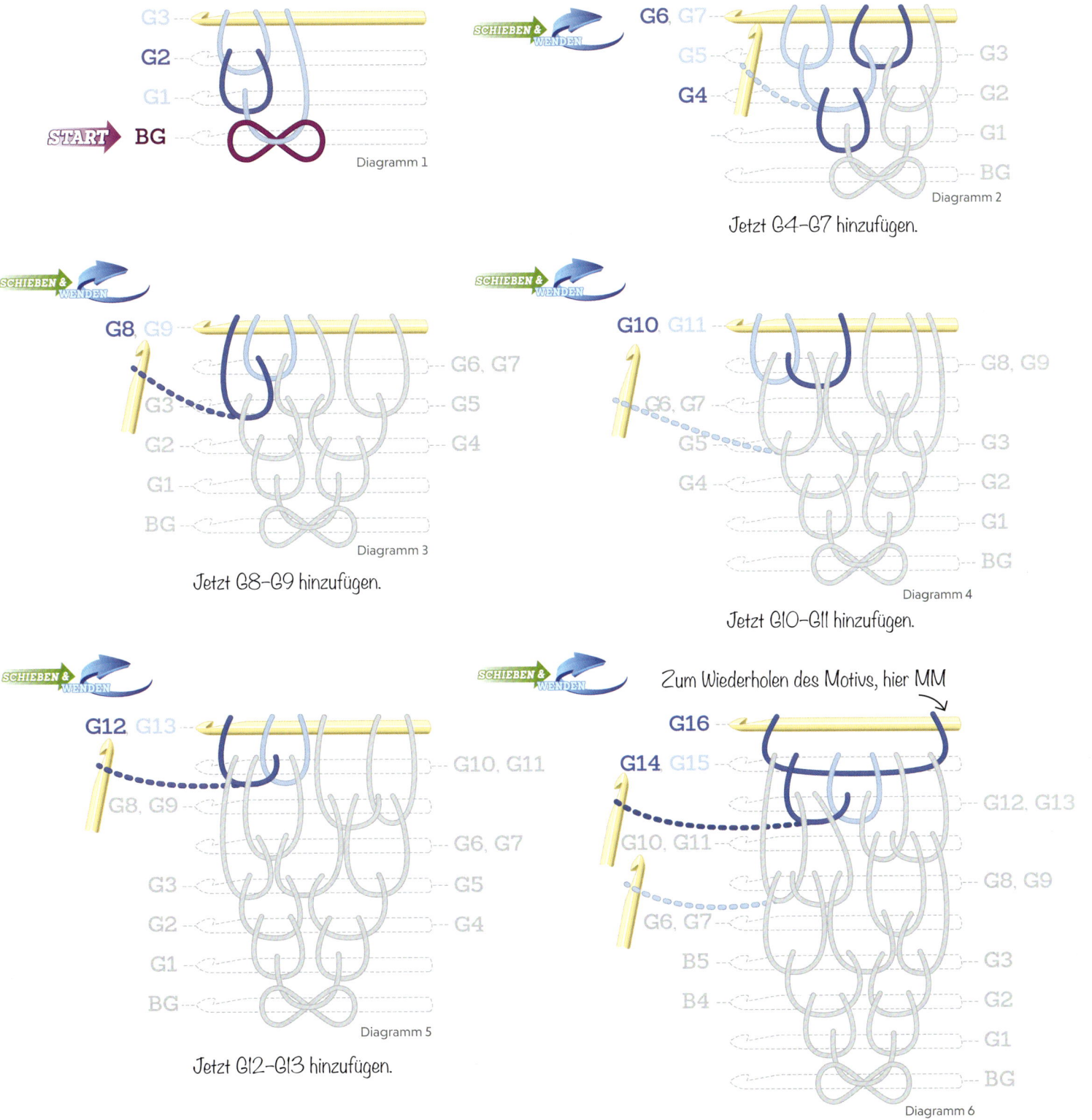

Diagramm 1

Diagramm 2
Jetzt G4–G7 hinzufügen.

Diagramm 3
Jetzt G8–G9 hinzufügen.

Diagramm 4
Jetzt G10–G11 hinzufügen.

Diagramm 5
Jetzt G12–G13 hinzufügen.

Diagramm 6
Jetzt G14–G16 hinzufügen.

Rubberbands Cooler Schmuck für dich

Runder Anhänger

SCHWIERIGKEITSGRAD: Anspruchsvoll
GRÖSSE: 4 cm Durchmesser pro Anhänger

MATERIAL
- Basis-Gummiring in F1
- 31 Gummiringe in F1
- 8 Gummiringe in F2
- zusätzliche Gummiringe in F1 und F2 für die Kette des Halsbands (optional)
- doppelseitige Häkelnadel
- 3 verschließbare Maschenmarkierer

TECHNIKEN & ABKÜRZUNGEN
- **AE:** Arbeitsende
- **BG:** Basis-Gummiring
- **DZ:** Durchziehen
- **F:** Farbe
- **G:** Gummiring
- **GAH:** Gummiring auf Häkelnadel
- **K:** Kette
- **L8:** Liegende Acht
- **MM:** Maschenmarkierer
- **S&W:** Schieben & Wenden

TIPP: Setze zur Sicherheit einen MM nach G20, bevor du mit G21 fortfährst.

So wird's gemacht

Arbeite BG–G19 in F1. Arbeite G20–G26 in F2.
Arbeite G27–G38 in F1. Arbeite G39 in F2. Arbeite G40–G41 in F1.

BG (F1): L8
G1 (F1): DZ2, GAH
G2 (F1): DZ1, GAH
G3 (F1): DZ1, GAH
G4 (F1): DZ2, GAH
G5 (F1): DZ1, GAH, MM auf diesen Gummiring (siehe Seite 47)
G6 (F1): DZ1, GAH
G7 (F1): DZ2, GAH
S&W
G8 (F1): DZ1, GAH
G9 (F1): DZ1, GAH
G10 (F1): DZ2, GAH
G11 (F1): DZ1, GAH, MM auf diesen Gummiring (siehe Seite 47)
G12 (F1): DZ1, GAH
G13 (F1): DZ2, GAH
G14 (F1): DZ3, GAH
G15 (F1): DZ1, GAH
G16 (F1): DZ4, GAH
S&W
G17 (F1): DZ3, GAH
G18 (F1): DZ1, GAH
G19 (F1): DZ4, GAH
G20 (F2): DZ6 (alle Schlaufen auf der Häkelnadel), GAH
G21 (F2): DZ1, GAH
G22 (F2): DZ1, GAH
G23 (F2): DZ2, GAH
S&W
G24 (F2): DZ1, GAH
G25 (F2): DZ1, GAH
G26 (F2): DZ2, GAH

(Fortsetzung auf Seite 47)

Schlaufen markieren und aufnehmen

Markiere G5 und G11, indem du die beiden Schlaufen dieser Gummiringe unterhalb der Häkelnadel mit einem Maschenmarkierer verbindest. Dadurch werden die Gummiringe u-förmig zusammengehalten. Du arbeitest dann weiter bis G26, dann befindet sich einer der markierten Gummiringe am Arbeitsende deiner Häkelnadel. Nun drehe dein Werkstück so, dass du von oben daraufsiehst anstatt von vorn. Nimm jetzt die markierte Schlaufe auf, ziehe sie durch die über ihr liegende Kettenschlaufe hindurch nach oben und platziere sie auf der Häkelnadel. Wiederhole diese Arbeitsweise für den anderen markierten Gummiring am hinteren Ende der Häkelnadel. Du hast jetzt acht Schlaufen auf der Häkelnadel. Entferne die Maschenmarkierer und fahre fort mit G27.

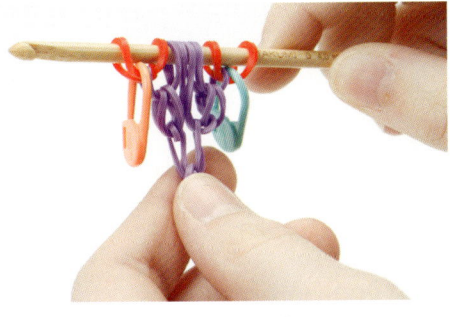

1. Markiere G5 und G11 (die roten Gummis im Foto), indem du die beiden Schlaufen jedes der beiden Gummiringe unterhalb der Häkelnadel mit einem Maschenmarkierer verbindest.

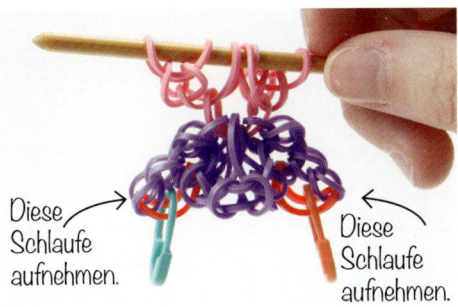

2. Arbeite weiter bis G26. Dann die markierten Gummiringe jeweils nach den Enden deiner Häkelnadel ausrichten.

3. Drehe die Arbeit so, dass du von oben daraufsiehst. Ziehe die äußere Schlaufe des markierten Gummirings am Arbeitsende der Häkelnadel zwischen der darüberliegenden Kettenschlaufe hindurch nach oben. Setze sie auf die Häkelnadel.

4. Wiederhole diesen Vorgang für den markierten Gummiring am hinteren Ende der Häkelnadel. Du hast jetzt acht Schlaufen auf der Häkelnadel. Setze deine Arbeit mit G27 fort.

Variationen

Drei Farben

Arbeite G27–G38 in einer dritten Farbe. Bei G39 wieder zu F2 wechseln, wie rechts beschrieben.

Nimm die entsprechenden Schlaufen wie oben beschrieben auf.
G27 (F1): DZ1, GAH
G28 (F1): DZ1, GAH
G29 (F1): DZ2, GAH
G30 (F1): DZ3, GAH
G31 (F1): DZ1, GAH
G32 (F1): DZ4, GAH

S&W

G33 (F1): DZ1, GAH
G34 (F1): DZ1, GAH
G35 (F1): DZ2, GAH
G36 (F1): DZ3, GAH
G37 (F1): DZ1, GAH
G38 (F1): DZ4, GAH
G39 (F1): DZ8 (alle Schlaufen auf der Häkelnadel), GAH
Zum Wiederholen des Motivs MM und dann die Schritte G1–G39 wiederholen.

Um aus dem Anhänger eine Kette zu fertigen:
G40 (F1): DZ2, GAH
G41 (F1): DZ1, GAH
Kette (K siehe Seite 13) mit wechselnden Farben F1 und F2 so viele Gummiringe, bis die halbe Länge deiner gewünschten Halskette erreicht ist (DZ2, GAH jedes Mal, auch beim ersten Mal). Befestige einen Kettenverschluss am letzten Kettenglied.

S&W

Gehe zurück zu G40 und DZ1, GAH. Kette (K) nun mit wechselnden Farben F1 und F2 die zweite Hälfte deiner Halskette (DZ2, GAH jedes Mal, auch beim ersten Mal). Auch hier wieder das letzte Kettenglied mit dem Verschluss verbinden.

Runder Anhänger (Fortsetzung)

Dieses Diagramm ist etwas schwieriger zu lesen. Bei den anderen Diagrammen wird immer gezeigt, was du auf der Häkelnadel siehst, während du arbeitest. Im Gegensatz dazu siehst du hier das fertige Motiv von vorn, obwohl man zunächst meinen könnte, es wäre die Rückseite. Fange mit dem Lesen dieses Diagramms unten auf der linken Seite an, wie du es auch bei anderen Motiven bisher getan hast. Immer, wenn in der Anleitung S&W auftaucht, orientierst du dich für die folgenden Schlaufen an der anderen Seite des Diagramms. Du beginnst also auf der linken Seite mit dem Knüpfen von BG–G7. S&W nach G7. Wenn du S&W erledigt hast, liest du auf der anderen Seite weiter und arbeitest G8–G16 wie dort vorgegeben. S&W, also dann wieder auf der linken Seite des Diagramms weiterlesen und G17–G23 arbeiten usw. Auch wenn du das Diagramm von verschiedenen Seiten liest und abarbeitest, wirst du natürlich immer am Arbeitsende deiner Häkelnadel arbeiten (für Rechtshänder ist das die linke Seite der Häkelnadel).

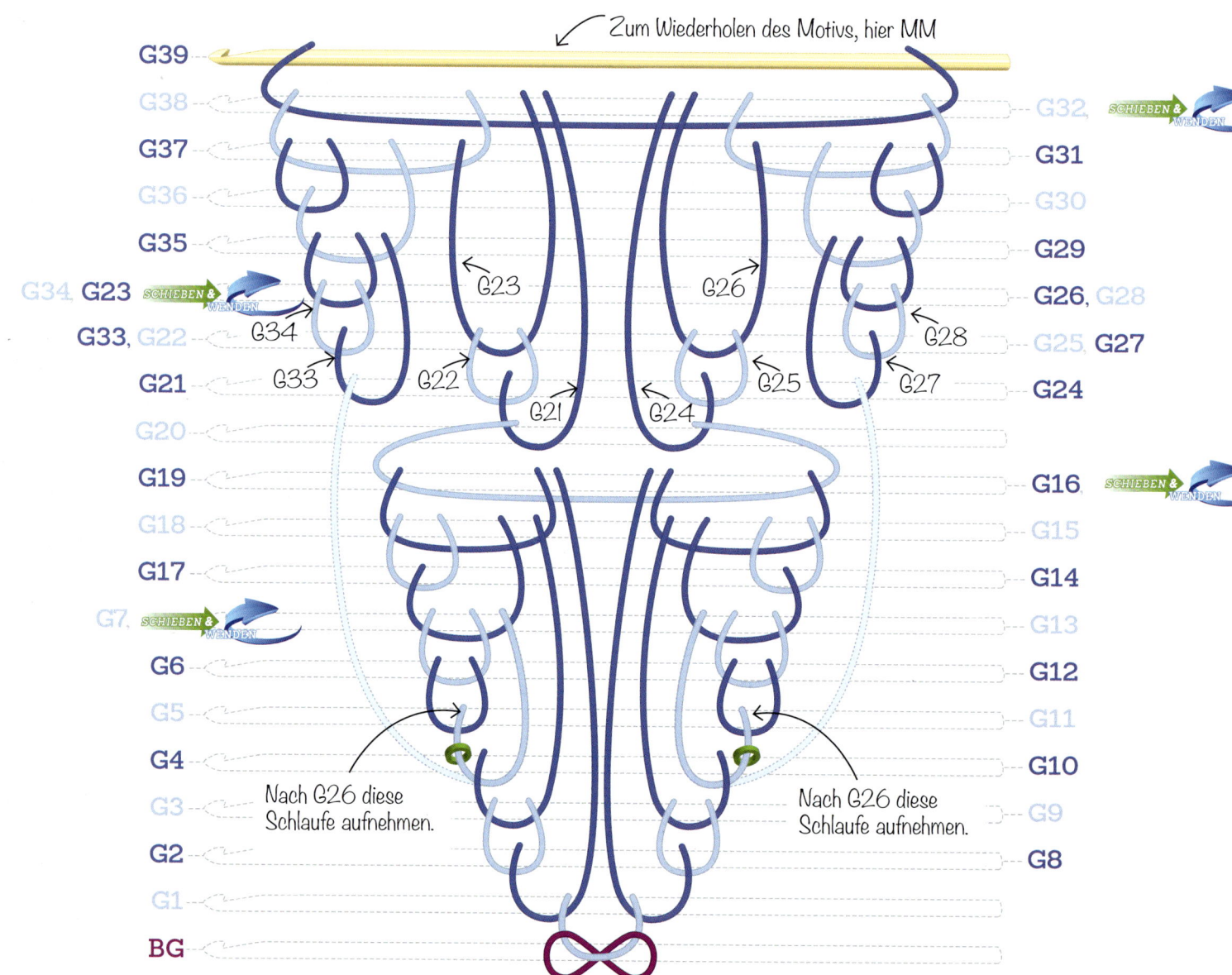